国家出版基金项目
NATIONAL PUBLICATION FOUNDATION

国家出版基金资助项目
中央马克思主义理论研究与建设工程重大项目
《马克思主义传播方式研究》阶段性成果
《致敬马克思丛书》
主编　郝立新　黄　琦

马克思的欧美之旅

张秀琴　等编著

中国财经出版传媒集团
中国财政经济出版社

图书在版编目（CIP）数据

马克思的欧美之旅／张秀琴等编著．--北京：中国财政经济出版社，2021.6
（致敬马克思丛书／郝立新，黄琦主编）
国家出版基金资助项目
ISBN 978-7-5095-8242-8

Ⅰ.①马… Ⅱ.①张… Ⅲ.①马克思主义-传播-研究-西方国家 Ⅳ.①A81②D091

中国版本图书馆 CIP 数据核字（2018）第 097704 号

责任编辑：周桂元　　责任校对：胡永立
封面设计：陈宇琰　　责任印制：张　健

马克思的欧美之旅
Makesi de Ou-Mei zhi Lü

中国财政经济出版社 出版
URL：http：//www.cfeph.cn
E-mail：cfeph@cfeph.cn

社址：北京市海淀区阜成路甲 28 号　邮政编码：100142
营销中心电话：010-88191522
天猫网店：中国财政经济出版社旗舰店
网址：https：//zgczjjcbs.tmall.com
北京中兴印刷有限公司印刷　　各地新华书店经销
成品尺寸：165mm×240mm　16 开　10.25 印张　125 000 字
2021 年 6 月第 1 版　2021 年 6 月北京第 1 次印刷
定价：40.00 元
ISBN 978-7-5095-8242-8
（图书出现印装问题，本社负责调换，电话：010-88190548）
本社质量投诉电话：010-88190744
打击盗版举报热线：010-88191661　QQ：2242791300

《致敬马克思丛书》编委会

总序

Preface

呈现在读者面前的这套丛书，是我们纪念马克思诞辰200周年的特别奉献。它饱含了我们对马克思的崇高敬意和深厚感情，展现了我们对马克思伟大人生和不朽精神的追寻与思考，表达了我们对马克思思想的深层意蕴和当代价值的挖掘与理解。

马克思是举世公认的思想巨匠、世纪伟人。马克思生在德国，却是世界公民。马克思的思想产生于德国，发展于西欧，传播于全世界；在他逝世后，以他的名字命名的学说在世界各国得到继承和发展。马克思主义产生170多年来，深刻影响和改变了人类社会和世界历史的进程，影响和改变了中国近代以来的历史进程。2018年5月5日，是马克思诞辰200周年纪念日。世界各国的马克思主义信仰者都在以不同的方式纪念马克思。笔者有幸前往马克思的故乡德国特里尔城参加了纪念这个伟人的系列活动，特别是亲眼见证了中国政府捐赠给特里尔城人民的马克思铜像的隆重的落成揭幕仪式，亲身感受到了世界各国人民对马克思的尊重与怀念。马克思似乎离我们很遥远，他已经故去130多年，他的思想已经产生170多年，为什么我们今天还要学习马克思及其思想？也许不同的人有不同的答案。马克思主义具有科学性、实践性、人民性、发展性、开放性等特征，从而决定了它具有不可抗拒的真理力量和道义力量，具有不可遏止的科学魅力和当代价值。我们编写这套丛书的目的就是通过缅怀马克思的伟大人格和历史功绩以及马克思的崇高精神和光辉思想，充分展示马克思和马克思主义特有的科学魅力、道义力量和当代价值，回答今天为什么要学习马克思、如何学习马克思、向马克思学习什么的“时代之问”。

这套丛书共有六册，分别从不同的角度或主题阐释了马克思的人生与思想。《漫步马克思思想长廊》与读者一起探索历史的迷宫，挖掘马克思历史唯物主义的世界观、实践观、自然观、人生观、群众观、自由观和社会形态理论、“世界历史”思想、社会革命理论、共产主义思想，探寻马克思的思想“富矿”，在漫谈中开启探险寻宝之旅。《马克思的欧美之旅》以马克思本人生前在欧洲的亲身行走和对美洲的精神关注为线索，分别讲述19世纪、20世纪和21世纪马克思和马克思主义在德国、法国、英国和美国的传播史与接受史，把马克思的思想置于跨越三个世纪的人类发展史和欧美国家的情境中考察，在展示思想的过程中也叙述了思想者的情感与生活细节，带领读者与马克思一起神游欧美，分享思想盛宴。《身边的马克思》消除了时间与空间的间隔，让读者走近马克思，发现和激活我们身边的马克思，与马克思成为精神挚友；萃取了马克思思想精华，观照当代青年生活，集中关注日常生活、大众文化与社会思潮三个方面，于日常处发哲思，于平凡中见神奇；追问了我们时代的资本之谜，探讨资本文明的内在矛盾与历史局限，揭示资本统治的社会效应与政治困局，分析现代大众文化与日常生活的种种现象，并提出社会主义如何利用和控制资本的问题。《马克思与中国》回顾了从1853年以来马克思对中国的密切关注；考察了马克思的思想对中国革命、建设和改革深刻而持久的影响，以及对每一个中国人的思想和生活的影响；厘清了马克思思想与中国站起来、富起来和强起来的历程的关系，告诉读者一个在中国这片土地上真实、鲜活、可信而又可爱的马克思。《马克思与人类命运共同体》将马克思思想与年轻人关注的现实和理论问题紧密结合，摆脱枯燥的课本和与现实无关的道德说教，用通俗风趣的叙述方式揭示马克思思想与零零后一代青年的生活与理想的相关性，用马克思思想与青年朋友漫谈人生信仰、精神追求、职业选择，说明马克思是是青年学生精神上的指路人。《95后〈资本论〉奇思妙想》别开生面地呈现了教师与青年学生研习马克思的《资本论》的场景体验和深入思考。它把《资本论》的学习与对现实问题的关注结合起来，运用马克思主义政治经济学的观点，回答了当下人们关注的热点问题和难点问题，也昭示了《资本论》的独特魅力和当代价值。

这套丛书题材新颖、视角独特、笔调清新、风格活泼、图文并茂、贴近生活，希望能得到读者的喜爱。

郝立新

2020年7月于中国人民大学

目录

Contents

第一章
德国之根：从特里尔、柏林到法兰克福

19 世纪 20—40 年代，马克思在自己的祖国德国度过了他的童年和学生时代，他的足迹遍及家乡特里尔的小径，波恩大学的青葱山林，柏林大学宏伟的图书馆，科隆《莱茵报》社热火朝天的编辑部。在特里尔国立中学，他写下了《青年在选择职业时的考虑》，立志要为了全人类的幸福事业而奋斗终生；在波恩大学的法学课堂上，他思索着社会正义应该如何最终被贯彻和实现；在家乡小城的山岗上，他为心爱的妻子燕妮献上托付一生的承诺；在青年黑格尔派的“博士俱乐部”，他与满怀激情的进步青年们一起描绘着未来社会的愿景；在《莱茵报》编辑部的工作室里，他思索着底层百姓的疾苦，通过笔下一篇篇畅快淋漓的战斗檄文，与专制政府迫害人民的法令以及社会上不公正的丑恶现象做着决绝的斗争。青年的马克思从大学的书斋步入社会，深入体察社会现实，认真研究社会问题，逐步确立了自己的理论观点，为向唯物主义和共产主义立场的彻底转变做好了准备。

青年时代的马克思

（图片来源：360 个人图书馆）

青年马克思离开德国前往法国巴黎的半个世纪之后（即 19 世纪末 20 世纪初），在他的祖国，出现了其身后第一代马克思主义者群体，这就是第二国际理论家团体（其核心成员包括考茨基、梅林、普列汉诺夫和卢森堡等）。面对关于“马克思主义已经过时了”的嘲讽，面对非马克思主义和反马克思主义者们的各种攻击与诋毁，面对国际工人运动风云变换的局势，第二国际理论家担起了捍卫和宣传马克思主义的重任，在应对各种理论诘难和现实挑战的过程中阐发了对马克思主义的理解，试图在新的时代背景下“修正”马克思主义。

第二国际斯图加特大会代表合影（图片来源：socialistworker. org）

继而再把时钟拨到一个世纪以后（即 20 世纪 40 年代以后）的德国，在费利克斯·韦尔的倡导与霍克海默、波洛克等人的共同支持下，一个作为马克思主义研究机构的社会研究所在美因河畔的法兰克福大学内建立起来。日后这里成为了著名的法兰克福学派的发源地，其核心成员历经三代人的发展，继承了马克思主义的批判与反思精神，在哲学、社会学、心理学、美学、法学等诸多领域都取得了杰出的成就，直至今日，法兰克福学派依然因其工具理性批判、交往行动和协商伦理理论（哈贝马斯）以及承认理论（霍耐特）等社会批判理论而闻名于世。

总之，德国是马克思出生的地方，也是马克思身后的第一代马克思主义者（也即第二国际马克思主义理论家核心成员）诞生的地方，还是迄今依然在人文社会科学界具有重要影响的法兰克福学派的诞生地。所以，这里是马克思思想在欧美漫游时的根。

一、浪漫诗人与论战斗士：从特里尔、波恩到柏林

18 世纪末 19 世纪初的欧洲，是一个大踏步向现代社会亦即资本主义社会高歌猛进的时代。尤其是法国资产阶级民主革命带来的几次巨大冲击，以及拿破仑执政时期所带来的政治和经济变革，都给邻近的莱茵省地区带来了不一样的生气。1794—1815 年，莱茵省地区一直被法国资产阶级控制。在大革命的影响下，这一地区封建制度已基本瓦解，废除了封建特权，铲除了大地主和教会的土地所有制，推行代表资产阶级利益的《拿破仑法典》。

然而，不少封建残余势力仍然不甘退出历史舞台，还时时伺机反扑。拿破仑失败后，根据 1815 年的维也纳会议，莱茵省的大部分地区转归普鲁士所有，成为普鲁士大德意志邦的一个省。当时的普鲁士还是一个封建色彩浓厚的国家，容克地主和封建势力保持着自己的绝大部分特权。并入普鲁士后的莱茵省资产阶级仍然依恋给他们带来实惠的法国资产阶级大革命，因为正是在大革命的进步浪潮下，他们才有了如今的政治地位和经济地位。正因如此，受过资产阶级革命影响的莱茵省必然会在一系列事务中与传统、保守、专制的普鲁士政府发生冲突。面对着莱茵省动荡不安的局面，普鲁士国王基于稳定局势、安定人心的考虑，不得不对莱茵省的资产阶级作出一定的让步，颁布了一些有利于资产阶级的法令，给予城市工商业阶层一部分特权。

于是，受过革命洗礼的莱茵省与封建的普鲁士王国达成了暂时的妥协。但是，这一表面上的平静并没有保持多久，资产阶级和封建专制的矛盾很快就随着莱茵省葡萄种植业危机的加剧而爆发了出来。资产阶级普遍要求摆脱普鲁士王国封建势力的桎梏，扫清发展资本主义的障碍，使

莱茵省从普鲁士分离出来，建立独立的德意志民族国家。除了资产阶级反对派的斗争，摩塞尔地区的农民由于自身的处境不断恶化，对普鲁士当局的不满情绪也日益滋长。处于社会底层的农民受着封建专制主义和资产阶级的双重盘剥，生活境况尤为悲惨，农民起义一浪接着一浪，动摇了专制政府的根基。

同时，以当时整个欧洲为背景，随着工业革命的快速发展，社会发生了迅速的分化。在生产方式中占据优势地位的一部分人，通过剥削雇工的剩余劳动、迅速积累资本并上升为资本家阶层，并借助于资本优势扩大再生产以继续维护自己在生产和市场中的优势地位。与此同时，在市场竞争中失去往日优势地位的工场小手工业者和伴随着工业扩张而失去土地的农民，则成为日益庞大的资本家阶级剥削的对象——雇佣工人。正如英剧《百年乡情》所展示的那样，这些最初的工人，为了生存，在极其艰苦的环境中从事着最低报酬的工作。就这样，社会逐渐分化为两大阶级，即占有生产资料的资产阶级和一无所有的无产阶级。无产者为了生存不得不受雇于资产阶级，而资本家为了取得市场竞争中的优势，不断地延长工人的劳动时间，加大工人的劳动强度，逐步形成了富者越富、穷者越穷的两极分化的状况。无产阶级的悲惨处境引起了富有正义感和同情心的人们的关注，以圣西门、欧文、傅立叶等人为代表的社会主义思潮在欧洲大地上悄然兴起。工人们自己也开始逐步对自身不幸的根源进行反思，开始采取各种形式表达对剥削者和压迫者的不满。在当时许多欧洲国家内部资产阶级与封建势力的交锋尚未完全结束之时，在二者背后逐渐成长起来的无产阶级也开始觉醒，为改变自己的命运而战斗着。

特里尔今貌（图片来源：欧洲铁路公司官网）

（一）特里尔：美丽小城中走出的不凡少年

“那是最好的年月，那是最坏的年月，那是智慧的时代，那是愚蠢的时代，那是信仰的新纪元，那是怀疑的新纪元，那是光明的季节，那是黑暗的季节，那是希望的春天，那是绝望的冬天，我们将拥有一切，我们将一无所有，我们直上天堂，我们直下地狱。”[①] 这是英国文豪狄更斯在其小说《双城记》的开篇中对这个时代最直观的描绘。马克思就出生和成长在这样一个狂风骤雨式的巨变年代。1818 年 5 月 5 日，在德国莱茵省南部的一座名叫特里尔的小城里，一个男孩儿诞生了，父母为其取名卡尔·马克思。特里尔是德国最古老的城市之一，在古罗马时期就已经建城。特里尔地处莱茵省，是当时德国重要的农业地区，城市人口在当时有 1.2 万人左右。马克思（Marx）这个姓氏最早是从犹太姓氏里的 Mordechai（摩德凯）这一称谓的缩写形式演化而来的。卡尔的父亲亨利希·马克思于 1782 年出生，是当地一位备受尊敬的律师。卡

① 〔英〕狄更斯著，石永礼、赵文娟译：《双城记》，人民出版社 2004 年版，第 1 页。

尔的祖辈很多人都担任过犹太教的拉比（一种犹太教内的宗教职务），他们最早从波西米亚迁徙来到特里尔，卡尔的祖父和伯父都曾是特里尔的拉比，卡尔的祖母叶娃也是特里尔拉比莫泽斯·里沃夫的女儿。卡尔的母亲罕丽达·马克思是荷兰人，是一个因政治迫害而迁居荷兰的古老的匈牙利犹太家族的后裔。卡尔的父亲亨利希·马克思虽然出身于犹太教神职家庭，但具有独立意识，很少受自己的犹太家庭正统思想的影响，并在特里尔的法律界拥有自己的一席之地，在当地民众中颇有威望。

卡尔·马克思出生时的居所位于特里尔市布吕肯街10号，是一座灰白色的三层楼房，是当时德国莱茵地区典型的带有巴洛克风格的三层建筑，始建于1727年，在1818年时被卡尔的父亲亨利希·马克思租用下来。当年，这座建筑的二楼和三楼是卡尔一家的居室，一楼是父亲亨利希的律师事务所。马克思出生几周之后，他们全家搬到了特里尔市西蒙路8号。卡尔·马克思的家与路德维希·冯·威斯特华伦男爵的家离得不远，威斯特华伦男爵是特里尔的枢密顾问官，他和亨利希·马克思都曾受到过法国大革命的影响，具有自由民主精神。威斯特华伦男爵虽然身为贵族，可是没有一点贵族的傲慢和优越感。他非常喜欢卡尔这个天资聪颖的孩子，常常和卡尔一起漫步于特里尔风景秀丽的山野和森林，与卡尔交流自己的思想，两人在交往中建立了一种深厚的超越年龄的友谊，卡尔称其为“敬爱的慈父般的朋友”。男爵了解许多空想社会主义者的思想，并向卡尔介绍了圣西门等代表人物的观点，使得卡尔从小就受到了民主进步思想熏陶。男爵的女儿燕妮是卡尔的姐姐索菲娅的好朋友，4岁的卡尔与8岁的燕妮也常在一

马克思故居（图片来源：蚂蜂窝网）

起玩耍。随着年龄的增长，燕妮与卡尔之间萌发了一种不同寻常的感情。燕妮不仅非常美丽，而且非常聪明，虽然出身名门，可是她却在具有民主进步思想的父辈们的影响下，对现实社会有着深切关注和考量，同情底层人民的悲惨境遇。

卡尔·马克思很早就在他的言谈举止和他所书写的文字中展现出与众不同的天赋和善良真诚的品质。在几个子女中，他深得父母的宠爱，父母对他抱有的期望也最大。1830 年，12 岁的马克思进入特里尔国立中学，直到 1835 年进入波恩大学前，他一共在中学学习了五年。那个时候的特里尔国立中学，受政府直接的教育管制比较少，学习氛围也相对比较自由，这种情况对于那些既有个性又充满旺盛求知欲的孩子来说，无疑是一个非常有利的条件。卡尔在这种无拘无束、自由自在的知识海洋中尽情地汲取营养，孕育出淳朴、真挚的思想。当时的中学校长约翰·维滕巴赫是一位具有自由、民主、进步倾向的教育工作者，他主张对青年的教育最重要的是要使他们对进步、高尚的品德抱有崇高的信念，要具有对社会公平正义负责的崇高使命感，这些观点深深影响了少年卡尔·马克思。

马克思在这样的环境中逐渐成长起来，思想日渐活跃，性格也日趋成熟。他开始思考人生的价值，思考历史的经验，思考社会的走向，他那丰富的想象力和深邃的思想在他的中学作文中得到最生动的还原和体现。有三篇马克思中学时的作文被保存了下来，这也是马克思最早期的作品：一篇是有关宗教方面的，标题为《根据〈约翰福音〉第 15 章第 1 至 14 节论信徒同基督结合为一体，这种结合的原因和实质，它的绝对必要性和作用》；另一篇是有关历史方面的，标题为《奥古斯都的元首政治应不应当算是罗马国家较幸福的时代?》。在这些习作中，中学时期的马克思已经能够对宗教、历史等社会问题进行自己的分析和思考。三篇作文中最后一篇也是最有影响力的一篇就是《青年在选择职业时的考虑》，这是马克思在中学毕业时的论文。在这篇文章中，马克思抒发了自己对于职业理想的思考和未来的奋斗方向。

1835 年马克思中学毕业时只有 17 岁，但是他在毕业论文中已经开始显露出极为成熟的关于职业选择的思想。马克思认为，选择是人类所特有的能力。“自然本身给动物规定了它应该遵循的活动范围，动物也就安分地在这个范围内活动，而不试图越出这个范围，甚至不考虑有其他范围存在。神也给人指定了共同的目标——使人类和他自己趋于高尚，但是，神要人自己去寻找可以达到这个目标的手段；神让人在社会上选择一个最适合于他、最能使他和社会变得高尚的地位。”[①]不过，神虽然赋予了人选择的能力，但同时也给予了人滥用这一能力的可能性。因此，人的选择也有可能摧毁他的一生，使其陷于不幸之中。所以，认真地思考这一选择就是每一位渴望正确地走上生活道路、实现理想并服务社会的青年的首要责任。

在 17 岁的马克思看来，人应该自主选择从事高尚的事业；那些沉湎于名利，为欲念所驱使的人，只会失去自主选择的能力，听凭于偶然机会的摆布；同样，出于满足虚荣心，只是为了炫耀或装点门面的职业也很难说属于高尚行列。此外，除了选择的目标是否高尚外，选择本身还有客观条件的限制。首先，选择并不总是能如愿的，因为，已经存在的社会关系会对人们的选择产生前置性的作用，在人们有能力影响它之前它就已经存在了。其次，如果人们的选择超出自己的能力，也会使人因难以为继而感到力不从心从而导致自卑等不良心理体验。因此，只有高尚的职业能给人们带来可持续感和认同感，并因此获得自信和尊严。换言之，人在从事高尚的职业时，职业和人的需求之间是高度内在统一的，人们不会因自己的职业而有被侮辱的感觉。

所以职业对人来说，不仅意味着谋生手段，更意味着人通过职业活动实现自我，并在这一过程中得到美好而和谐的感觉。“人们只有为同时代人的完美、为他们的幸福而工作，

① 《马克思恩格斯全集》第一卷，人民出版社 2002 年版，第 455 页。

才能使自己也达到完美。”① 考虑到了这一切前提条件之后，人们才能选择一种接近人类共同目标、为了人类幸福的职业。然而，职业本身还不是目的，对于人类的共同目标来说，任何一种职业都是手段。此时的马克思，已经将个人对职业的选择与人类的共同目标紧紧地连接了起来。

那么，什么样的职业才能够通向高尚之路，才能够接近人类的共同目标呢？马克思心中已经有了一个崇高的目标，但是，达到这一目标的手段，在他面前还是朦胧的。不过，至少有一点是明确的，那就是要为全人类去谋取幸福：“如果我们选择了最能为人类福利而劳动的职业，那么，重担就不能把我们压倒，因为这是为大家而献身；那时我们所感到的就不是可怜的、有限的、自私的乐趣。我们的幸福将属于千百万人，我们的事业将默默地、但是永恒发挥作用地存在下去，而面对我们的骨灰，高尚的人们将洒下热泪。”② 青年马克思写的这些话，仿佛就是对自己日后生活的真实预见。

（二）波恩：大学生与浪漫诗人

1835 年秋天，背负着父亲的期待，马克思进入波恩大学法律系学习。波恩是位于莱茵省内的一座山城，波恩大学在当时有 700 多名学生。当马克思刚刚进入波恩大学时，普鲁士政府正在对民主、进步运动进行镇压，大学也迫于形势取缔了学生组织的各种政治社团，取而代之的是各地的同乡会。同乡会的成员喜欢经常聚在一起喝酒、决斗，风气比较混乱。马克思一到波恩就参加了特里尔的同乡会，他也受到当时学校里面不良风气的影响，热衷于参加决斗，和其他同学们一样把决斗看作体现自己的男子汉气质的一种方式。在一次决斗中，马克思左眼上方受了伤，还因为携带“被禁止的武器”被告到了学校领导那里。得知这一消息的父亲生气地讥讽道：“难道决斗也和哲学密切有关吗？”父亲用理智教育马

① 《马克思恩格斯全集》第一卷，人民出版社 2002 年版，第 459 页。
② 《马克思恩格斯全集》第一卷，人民出版社 2002 年版，第 459 页。

克思不要被学校的不良风气引入歧途，要踏踏实实地回到学习中去。

随着马克思在大学逐渐积累了一定的知识，父子俩的交流内容更加丰富，当然不少分歧也随之产生。两人分歧的焦点主要是围绕着马克思未来的职业发展方向展开的。父亲希望马克思从事一个实实在在的职业，比如成为一名教授或者律师，可以在社会上立足。当然，父亲也渴望自己的儿子能够成为一个承担起崇高社会职责的人，能矢志不渝地去履行自己崇高的职责。然而，他们二人对什么是崇高的职业（或者事业）有着截然不同的理解。在父亲心中，崇高的职业就是能够通过良好的履行职责而获得社会的认可和人民的尊敬。但是马克思心目中所理解的崇高的职业，其所包含的意义则显然要比父亲亨利希所理解的深刻得多。马克思在中学毕业时就已立志要选择能够给整个人类带来幸福的职业，在他的心目中，这也许不是一个特定的世俗的职业可以完成的，而是一项时代赋予他的艰巨而伟大的使命。

进入大学以后，随着马克思掌握的知识越来越多，他的思想也在迅速地发展着。伴随着对真理的执着和追求，他逐渐将兴趣由法学扩展到哲学。马克思对哲学的痴迷让父亲亨利希产生了一丝忧虑。作为父亲，亨利希主要是希望马克思踏实学习现实的知识特别是法律的知识，将来能够继承他的衣钵。而马克思自己此时却已经进入到精神世界的漫游中，他想通过对真理的追求给人类带来幸福。马克思在给父亲的信中说："我从理想主义，——顺便提一提，我曾拿它同康德和费希特的理想主义比较，并从其中吸取营养，——转而向现实本身去寻求思想。如果说神先前是超脱尘世的，那么现在它们已经成为尘世的中心。"① 此时的马克思，已经开始将思考的范围由纯抽象的领域转向与现实的社会问题相结合。

到 1836 年夏天，马克思在波恩大学已经整整学习了一年的时间。在这一年时间中，马克思如饥似渴地学习着从历史

① 马克思著：《马克思家书集》，人民出版社 1985 年版，第 52 页。

学、艺术、法律到哲学的各种知识。有些课程是马克思自学完成的，有些课程是去别的学院旁听的。由于马克思对诗歌的爱好，他还特地旁听了许多关于文学和美学的课程，并加入了青年作家协会。该协会虽然以文学研究为名目，实际上却是一个政治活动组织，协会组织人比德曼和芬奈尔都具有强烈的革命倾向。马克思在协会中亦受到了进步的、激进的政治倾向的感染。

在马克思的肄业证书上，我们还可以看到他在 1835—1836 年学习的主要课程有：

一、1835—1836 年度冬季学期

1. 法学全书，普盖教授讲授——十分勤勉和用心。

2. 法学纲要，伯金教授讲授——十分勤勉和经常用心。

3. 罗马法史，瓦尔特教授讲授——同上。

4. 希腊罗马神话，韦尔凯尔教授讲授——极为勤勉和用心。

5. 荷马研究诸问题，冯·施勒格尔教授讲授——勤勉和用心。

6. 现代艺术史，道尔顿教授讲授——勤勉和用心。

二、1836 年度夏季学期

7. 德意志法学史，瓦尔特教授讲授——勤勉。

8. 普罗佩尔提乌斯的哀歌，冯·施勒格尔教授讲授——勤勉和用心。

9. 欧洲国际法，普盖教授讲授。

10. 自然法，普盖教授讲授。

最后两门课程，因普盖教授于 8 月 5 日突然逝世而未加评语。①

从任课教师们所给的评语上看，在波恩大学期间，马克思在课堂上总体表现还是非常勤勉和用心的，除了法学课程

① 魏小萍、张云飞著：《马克思传》，当代世界出版社 1998 年版，第 32—33 页。

以外，他也修习了许多文学、艺术门类的课程，这也为他后来能够在著作中旁征博引许多文学典故和历史事件奠定了良好的基础。同时，马克思这一时期的哲学知识则主要依靠自学。

随着年龄的增长，马克思不仅在思想上逐渐走向成熟和理智，心底的爱情之花也在悄然绽放着。威斯特华伦男爵的女儿燕妮是马克思从小在一起长大的玩伴，在两人长期的交往和友谊中，他们由相互的欣赏，发展到了相互的爱慕，又由爱慕发展到热恋。当然了，燕妮与马克思的恋爱并非一帆风顺，也经历了几多波折和考验。在最终缔结婚姻之前，燕妮和马克思曾身处两地多年，熬过了苦苦相思的异地恋情。燕妮曾经在信中抱怨道："只要我一想到还不得不同你长期分居两地，我就又完全陷入痛苦和不幸之中，尔后感到不寒而栗。"[①] 当时，燕妮是特里尔城最漂亮的姑娘，被誉为"特里尔的舞会王后"，追求她的小伙子大有人在。而正值芳华的燕妮却独独钟情于具有进步思想和独特气质的马克思，为了他不惜苦苦等待。

在这漫长的等待中，燕妮把她纯洁无瑕的感情全部倾注于马克思，但是她那多愁善感的性格，又使她备受折磨。她常常不知不觉地在无意识中流露出一种恐惧的心理、一种忧郁的预感。燕妮有时甚至担心马克思会为她在决斗中受伤，她在给马克思的信中诉说了自己的担忧："白天、黑夜，我总是看到你受伤，流血，生病。我把一切都对你说吧，卡尔，这种想象并没有使我感到多大的不幸，因为，我想象如果你失去了右手，这倒会使我充满快乐和幸福，你知道吗，亲爱的，我想，在这种情况下，我便可以真正成为你必不可少的人，你将永远把我带在身边，而且爱着我。我想那时我便能记录下你的全部奇异的绝妙的思想，成为一个真正对你有用的人。"[②]

① 马克思著：《马克思家书集》，人民出版社 1985 年版，第 93 页。
② 马克思著：《马克思家书集》，人民出版社 1985 年版，第 81 页。

等待并非全是荆棘和痛苦，燕妮在等待中也得到了马克思用最美丽的语言和最炽热的感情编织成的诗集。马克思在诗中用他的全部热情和想象力向燕妮倾吐自己的心声，在诗中表达着对燕妮的无限思念和依恋：

“燕妮，任它物换星移、天旋地转，
你永远是我心中的蓝天和太阳，
任世人怀着敌意对我诽谤中伤，
燕妮，只要你属于我，我终将使他们成为败将。

我的思念比茫茫宇宙还要宽广，
它无比崇高，胜过寥廓的穹苍，
它无比美丽，胜过梦中的仙乡，
它无比深邃，胜过惊涛澎湃的海洋。

这思念无穷无尽，热情奔放，
这思念犹如上帝的遐想，
时时在他崇高的心中回荡，
正是你让这种思念萦绕在我的心房。

你自己就是这思念的化身，
思念二字难表达一腔衷肠，
炽热的深情无法用言词诉说，
这热情将在我心中越烧越旺。”①

同样的，马克思也在诗里表达着自己深陷猜疑时的苦恼和忧伤：

“所以，燕妮，哪怕你身居九重云天，
我也会对你怀着深情一片，

① 《马克思恩格斯全集》第一卷，人民出版社 2002 年版，第 481—482 页。

即使你永远不属于我，
我也会苦苦地把你思念。
所以，假如有别人把你拥抱，
假如你那忐忑不安的胸膛
渐渐地向他的胸膛贴近，
那时请不要把你的歌手遗忘。

你要想到他正在漂泊流浪，
他永远失去了自己的希望，
燕妮，他只对你一人深情向往，
他的歌只为你一人吟唱。

他郁郁寡欢无限惆怅，
他苦受煎熬日思夜想，
他享受到的那一点幸福，
只会使他更深地陷入痛苦的海洋。”①

1836年夏天，马克思回到家乡，终于如愿以偿，与燕妮完成了订婚仪式。但是当时订婚后的两人也面对着巨大的压力。这压力一方面来源于两人悬殊的社会地位，另一方面则是因为当时马克思刚刚进入大学学习，还是一个学生，完全没有能力负担一个家庭。连马克思的父亲都为这一状况所担忧，他盼望着马克思尽快毕业后，能找一份实际的工作，承担起一个丈夫养家糊口的责任。但是，燕妮却没有把这些世俗的烦扰放在眼里，她安慰马克思，为了完成神圣的天职，要打消过多的世俗考虑。亲朋好友们都劝说马克思尽早选择一个固定的职业，给燕妮一个稳定可靠的家庭，燕妮的眼光却看得更加深远。她在给马克思的信中写道：“我们脚下的基础是不坚实的。可是现在到哪里去找坚实的基础呢？难道他们不觉得，社会用以建筑庙宇和货摊的那块土地下面到处都

① 《马克思恩格斯全集》第一卷，人民出版社2002年版，第511—512页。

有动摇的征兆？”[1] 燕妮也与马克思一样，看到了社会的大变革即将到来。她了解马克思心中要为实现全人类的幸福而奋斗的理想，愿意一直在背后默默地支持他。

1836年10月初，马克思在与燕妮订婚后不久，便再次遵循父亲的意愿，依依不舍地离开了未婚妻，重新回到大学校园继续自己的学业。父亲由于不太满意波恩大学校园风气和马克思在校期间的表现，为了让他受到严格而正规的教育，更好地与他未来的职业发展相匹配，便决定将他由波恩大学转到了当时名师辈出且学风更为严谨的柏林大学。

（三）柏林大学：加入青年黑格尔派“博士俱乐部”的“自由魔怪”

柏林是当时普鲁士王国的首府，是一座拥有30万人口的大城市。柏林在当时工业发展水平尚比较落后，手工业占据着主导地位，直到19世纪30年代末才出现了第一批现代工业。由于柏林是普鲁士的首府，它的政治气候受到普鲁士政府的直接控制，因此政治气氛不活跃，许多政治问题成为谈论的禁区，当地的两家报纸《福斯报》（Vossische）和《施本纳报》（Spenersche）也尽可能在报道中回避政治问题。在整个柏林市中，只有柏林大学是个例外。学校虽然也在普鲁士政府的控制之下，但是这里的学者们思想解放，视野开阔，学子们依然能够在这里感受到自由、进步、民主的气氛。

到了柏林大学后，马克思下决心改变自己在波恩时的散漫行为。他听从了父亲的劝戒，不再参加聚众酗酒等活动，而是专心埋头于科学和艺术。来到柏林一年以后，马克思在给父亲的信中这样描述这一年的学习生活：“生活中往往会有这样的时机，它好像是表示过去一段时间结束的界标，但同时又指出生活的新方向。在这样的转变时机，我们感到必须用思想的锐利目光去观察今昔，以便认清自己的实际状况。……个人在这样的时机是富于抒情的，因为每一变化，既是

① 马克思著：《马克思家书集》，人民出版社1985年版，第103页。

绝笔，又是新的伟大诗篇——它力图使辉煌的、仍然融合在一起的色彩具有持久的形式的序曲。”①

在学校的第一年，马克思选修的绝大部分是法学课程，在课外他也研读了大量的法学著作，在研究对比中现实原则与理想原则之间的差别使他陷入了深深的思索：为什么理想的原则常常不能作为现实的原则发挥效用？如何才能将真理最好地贯彻到实践中去？对法学问题的抽象思考引导着马克思的关注点向哲学方面延伸。他开始集中精力专攻哲学，试图从哲学的抽象领域寻找答案，在法的领域建立起一个法哲学体系，或者说，从哲学的高度来把握法的精神。

在柏林大学读书期间，对于马克思来说，最大的事情莫过于开始受黑格尔哲学的影响。当然了，马克思一开始接触黑格尔哲学片断时，他并不喜欢它的那种“古怪而粗犷的格调”；但是一次因生病在乡间休养的间隙，他从头到尾地重新研读了黑格尔哲学著作，也阅读了许多黑格尔弟子的著作，认为从黑格尔哲学中找到了解决自身困惑的理想突破口，并且在不久之后加入了青年黑格尔派的“博士俱乐部”。在那里，通过思想论争，他越来越接近这个“现代世界哲学”的中心。马克思在俱乐部非常活跃，成为当时俱乐部的一位风云人物。埃德加·鲍威尔是这样描写此时的马克思形象的：

“是谁风暴般地奋勇前行？
一位自由魔怪，
来自特里尔的黝黑身影，
似乎想要抓住天空使它匍匐在地。
他自信的步履敲击着地面，
震怒的双臂直指苍穹。
他似乎被千万恶魔攫住身体，

① 马克思著：《马克思家书集》，人民出版社1985年版，第45—46页。

攥紧恐怖的拳头狂奔不停。”①

当时青年黑格尔派的旗手是布鲁诺·鲍威尔和埃德加·鲍威尔兄弟，其次还有大卫·施特劳斯、阿·卢格和路德维希·费尔巴哈。这些青年黑格尔派的左翼代表人物，力图从黑格尔的哲学中寻找激进的变革思想，反对老年黑格尔学派将黑格尔的哲学与基督教相调和，他们用黑格尔的哲学展开了对基督教和整个宗教教义的批判。大卫·施特劳斯在他的《耶稣传》一书中，首先向基督教的教义发难，指出上帝是不存在的，耶稣基督确有其人，但只是一个早期传说中的人物，而耶稣所作出的各种奇迹都是人们的传说，并非确有其事，《福音书》也只是根据早期基督教教团的幻想和希望逐渐整理而成的。布鲁诺·鲍威尔则在《约翰福音批判》和《新约福音批判》中进一步指出，耶稣基督并非确有其人，只是人类自我意识发展中一个阶段的象征。年轻的马克思并没有参与两者的争论，青年黑格尔派吸引马克思的地方与其说是黑格尔的哲学本身，不如说是他们对封建制度及其精神支柱的否定精神。

在青年黑格尔派成员中，马克思交往较多的是布鲁诺·鲍威尔和阿道夫·鲁滕堡。鲍威尔是青年黑格尔派的精神领袖，也是马克思非常要好的朋友。追求真理、追求社会的进步是他们的共同信念，他们甚至曾考虑一起创办一份激进的杂志，以宣传自己的理论。青年黑格尔派的另一个精神领袖是卢格。卢格所主持的刊物《哈雷年鉴》是青年黑格尔派的核心刊物，青年黑格尔派的很多争论都在这份杂志上展开，当时从各地寄来的激进文章，使得这份杂志成为激进分子的思想论坛。卢格还经常邀请施特劳斯、辛利克斯、瓦特盖、费尔巴哈等人为这份杂志撰稿。莫泽斯·赫斯代表着青年黑格尔派中面向社会现实的一个派别，他由宗教问题、政治问

① 〔英〕戴维·麦克莱伦著，王珍译：《卡尔·马克思传》，中国人民大学出版社 2005 年版，第 25—26 页。

题延伸到所有制与人的关系，从人道主义的角度展开对宗教神学的批判，同时又将对宗教神学的批判引向人道主义的研究。特别值得注意的是，赫斯的人道主义思想对早期的马克思影响很大。

这时候的马克思虽然还是黑格尔哲学的崇拜者，但仅仅黑格尔本人的思想显然已无法满足马克思广泛的关注兴趣；实际上，马克思对整个古希腊哲学都有涉猎。正是这样的涉猎，使得马克思虽然为黑格尔那庞大的体系所折服，但他对黑格尔的哲学前提——绝对精神，却始终抱着怀疑态度。为了搞清这个困扰自己的问题，也为了更好梳理自己的思考过程，从 1839 年冬至 1841 年春，马克思开始着手其博士学位论文的准备工作。整个论文写作的准备工作大约持续了两年时间。在这期间，马克思为写博士学位论文阅读了伊壁鸠鲁派、斯多葛派和怀疑派的大量哲学著作，写作了七册《关于伊壁鸠鲁哲学的笔记》，并继续与青年黑格尔派的成员来往甚密。

马克思的博士学位论文主要探讨的是德谟克利特和伊壁鸠鲁在自然哲学上的差别。这一题目来源于他对黑格尔哲学本身的理解和青年黑格尔派的争论给他带来的思考。古希腊哲学家德谟克利特首先提出了原子说，认为世界是由最基本的物质即原子构成的，原子与原子之间的组合有一定的规律，没有任何一个原子是从无中生有的，也没有任何一个原子会从有到无，会消失，世界上不是原子就是虚空。灵魂也是由原子构成的，除此之外，其他什么都没有，原子在大小和数量上都是无限的。原子遵循必然性作永恒的旋涡运动。伊壁鸠鲁在此基础上提出了原子运动的倾斜说，以此来解释事物的变化和发展。

在前人看来，伊壁鸠鲁的原子学说只是对德谟克利特原子学说的沿袭，或者是轻微的修改。但是，在马克思看来，两位哲学家涉及的是同一门科学，可是在涉及这门科学的真理性、可靠性，或者思想和现实的一般关系时他们两人的观点却是截然相反的。德谟克利特主张无处不在的必然性，伊壁鸠鲁却相信必然性是可以被自由意志所制约的。根据德谟克利特的观点，只具有必然性的原子做着直线下落运动，那么不同的原子之间永远不会发生碰撞；伊壁鸠鲁提出了原子运动轨迹的偏斜说，以此来解释原子的相互碰撞与世界万事万物的形成。德谟克利特的原子仅仅是一种“元素”，一种物质基质。由于没有矛盾的对立面，没有抽象的质，没有自由意志得以存在的根据，它只能作必然的运动，受着必然命运的束缚。伊壁鸠鲁的原子概念包含着内在矛盾，存在与本质、物质与形式，其中的物质与形式也就是抽象的原则，或者说也就是自由意志的根据，它使得原子能够摆脱命运的束缚。马克思认为，伊壁鸠鲁实质上已经提出了事物自我运动的辩证思想。马克思在博士论文中通过对原子倾斜运动的论证，进一步主张人类的自主性和能动性。

在博士学位论文中，马克思旗帜鲜明地阐发了自己的无神论观点。他把普罗米修斯的“我痛恨所有的神”作为论文中心宣言，要求把人从宗教和神的统治与束缚下解放出来。为此，他十分赞赏伊壁鸠鲁的无神论立场，认为伊壁鸠鲁是那个时代最伟大的启蒙思想家。正是在这种启蒙思想的影响下，马克思同时开始对黑格尔试图调和哲学与宗教对立的做法进行了批判。马克思认为，黑格尔的绝对精神无法真正调和理性的哲学和非理性的宗教，从而使世界和人变得和谐、完美（即合乎理性）。

由于马克思站在青年黑格尔派的激进立场，以及马克思在博士学位论文中所阐述的核心观点为普鲁士官方思想所不容，且当时负责审查马克思博士学位论文的人又正好是一个由政府任命的神学思想浓厚、反黑格尔的教授，因此他不可能让马克思拿到柏林大学博士学位。马克思决定选择一所名气小一些、受当局的控制也少一些的学校通过自己的博士学位论文，然后再申请一份教职。于是，他在通过了柏林大学的全部考核后，选择了耶拿大学作为申请博士学位的大学，并于 1841 年 4 月 6 日把自己完成了的博士学位论文《德谟克利特的自然哲学和伊壁鸠鲁的自然哲学的差别》寄给了耶拿大学哲学系系主任巴赫曼教授。4 月 13 日，巴赫曼为马克思的博士学位论文向哲学系系务委员写推荐书，称其是“完全合格的学位应考生”，“学位论文证明该考生不仅有才智、有洞察力，而且知识广博。因此，本人认为该考生完全有资格获得学位。”委员们一致赞同推荐书的意见。4 月 16 日，耶拿大学在马克思缺席的情况下，授予他博士学位。

完成了博士学位论文写作的马克思，由于受到反动当局的有意打压，寻求教职未果，于是便转而积极地投身于反对专制、反对宗教，促进自由、民主进步的政治斗争中。马克思和鲍威尔曾计划创办一份激进的反对派报纸，但是由于客观条件的限制没有实现，于是两人开始为卢格于 1841 年创办的《德意志年鉴》撰稿。

他们当时遇到的第一个现实问题，就是普鲁士政府用于控制言论的书报检查制度。普鲁士国王弗里德里希·威廉四世即位以后，颁布了新的书报检查令，为政府所控制的报纸纷纷吹捧这一新法令的颁布，认为这一法令的内容扩大了言论自由和出版自由，是进步的表现。马克思则认识到，在貌似开明实则专制的书报检查制度下，人们失去了自由思考问题的权利，无法将自己理性的研究、思考结果公之于世。1842 年年初，马克思发表了《评普鲁士的书报检查令》，这也是他公开发表的第一篇政治评论文章。马克思在文章中揭露普鲁士政府在书报检查令出台前后的行为逻辑矛盾，证明其制度设置的不合理性，指出政府出台书报检查令的目的并不是要保障公民的合法权益，而是要压制广大民众的言论自由，为反动势力及其喉舌服务。一方面，他们赋予自己绝对理性的权威，具有惩罚别人思想观点的权利；另一方面，他们赋予自己评判一切事物的权利，同时却剥夺了出版物自身的评判权力。这样，他们就陷入了自相矛盾之中，对自己、对他人使用不同的标准，对他们自己来说是合法的东西，对他人来说就成了非法的——“每一滴露水在太阳的照耀下都闪耀着无穷无尽的色彩。但是精神的太阳，无论它照耀着多少个体，无论它照耀着什么事物，却只准产生一种色彩，就是官方的色彩。”①

当时，热衷于黑格尔哲学的高等文官格奥尔格·荣克和陪审官达哥伯特·奥本海姆创办的《莱茵报》正在为报纸物色撰稿人。由于马克思在激进民主人士中已经颇有声望，因此他们很快就选中了马克思为他们撰稿。根据马克思的推荐，来自青年黑格尔派的鲁滕堡担任报纸的主编。除了马克思，报纸的撰稿人还有青年黑格尔派的鲍威尔兄弟和莫泽斯·赫斯等一些激进的思想家，《莱茵报》很快就成为他们战斗的又一个阵地。

《关于新闻出版自由和公布省等级会议辩论情况的辩论》是马克思第一篇发表在《莱茵报》上的政论文。不同于之前名为《评书报检查令》的那篇文章，马克思不再从一般的理论、而是从具体的政治观点出发来看待这一问题，并把它与社会各等级的态度相联系，指出新闻出版自由归根到底是在讨论是谁的自由的问题。马克思认为，自由报刊应该具有人民性，代表人民精神的观点，要成为个人同国家和世界联结起来的纽带。马克思在论战中始终站在穷苦人民一边。

1842 年 10 月，马克思开始担任报纸的主编。他通过报纸与普鲁士政府进行的论战也愈发成熟。在担任主编后，马克思首先碰到的是大量社会经济问题，其中第一个经济案问题是林木盗窃法案。当时拥有森林的一般都是贵族和富商，法案规定森林的所有者对其财产具有绝对的所有权。一些底层的穷苦百姓迫于生计捡拾别人所有的森林中的枯树枝、枯树叶，被省议会制定的林木盗窃法法案视为盗窃他人的私人财产，是犯罪行为。马克思愤怒地讥讽说，这是因树的权力而牺牲人的权力，“如果法案的这一条被通过，那么就必然会把许多不是存心犯罪的人从活生生的道德之树上砍下来，把他们当做枯树抛入犯罪、耻辱和贫困的地狱。”②

在《关于林木盗窃法的辩论》一文中，马克思第一次探

① 《马克思恩格斯全集》第一卷，人民出版社 2002 年版，第 111 页。
② 《马克思恩格斯全集》第一卷，人民出版社 2002 年版，第 243 页。

讨了物质利益同国家和法的关系，主动捍卫贫苦大众的权益，公开抨击普鲁士的法律制度和立法体系。针对法令中提出的所谓未经林木占有者许可的捡拾林中枯枝的行为均以盗窃罪论处的观点，马克思从法学专业的角度进行了深度辨析和反驳，指出贵族的习惯法从内容上来讲是与普遍法律的形式相对立的，封建专制社会的立法就是把贵族的特权变成明文法的事实。他强烈主张："我们为穷人要求习惯法，而且要求的不是地方性的习惯法，而是一切国家的穷人的习惯法。我们还要进一步说明，这种习惯法按其本质来说只能是这些最底层的一无所有的基本群众的法。"① 显然，马克思在这里已经觉察到了市民社会的深刻的贫富差别和阶级对抗，而法律和国家则沦为财产（林木）所有者维护自身利益的工具。

马克思在《莱茵报》时期（图片来源：三联生活周刊网）

马克思的这些革命民主主义言论及其所发表的刊物《莱茵报》，自然会因此遭致政府当局的各种压制。然而，马克思依然想方设法采取各种合法途径来维护无财产者的利益，正如马克思在根据海尔维格的一封信改写的短文《海尔维格和卢格对"自由人"的态度》中指出的："在我们的时代，胡闹、莽撞的行为应当受到公开而坚决的谴责；我们的时代需

① 《马克思恩格斯全集》第一卷，人民出版社2002年版，第248页。

要严肃、刚毅和坚定的人来达到它的崇高目标。”[①]马克思内心非常清楚，《莱茵报》抨击当局反动政策和揭露社会真相的尝试必然会招致普鲁士当局的仇恨和敌视，报社未来的前景也处在非常不明朗的局势当中。但是，即便局势对他们来说异常艰险，他也要努力抓住每一次说出真相的机会，积极捍卫劳苦大众的权利，与反动当局作坚持不懈的斗争。同时，马克思也与为政府鼓吹呐喊的保守派媒体势力进行了激烈交锋，批驳它们的虚假性和保守立场。

普鲁士政府最终在 1843 年 1 月 19 日作出了查封莱茵报社的决定，但是出于照顾股东的经济利益，允许该报继续发行直至 4 月 1 日。为了保住报纸，股东们不得不做出最后一点尝试，决定让马克思先退出编辑部。面对这一切来势汹汹的挑战，马克思当然也毫不示弱，在 3 月 1 日的《莱茵报》上公开刊登了一份声明，即宣称自己是因为“现行书报检查制度”的原因而退出编辑部的。接替马克思担任主编的奥本海姆是一个极其温和而平庸的人物，然而这仍然无济于事，报纸在 1843 年 3 月 31 日出版了最后一期后被迫停刊了。

在莱茵报社被查封后，马克思等人被迫转移了斗争的阵地，但是这次挫折并没有影响他们的斗志，他们为社会正义事业所进行的战斗才刚刚打响。在莱茵报社的工作经历，不仅敦促马克思认真研究社会经济问题，帮助他积累了丰富的社会政治经验，逐步突破黑格尔唯心主义对他的早期影响，并且促使他在与各种反动势力的论战中了解了不同社会阶层的利益诉求，为他的思想走向唯物主义奠定了初步的基础。

二、一场旷日持久的维护“正统”之战：第二国际理论家在德国的论争

1843 年 11 月，马克思和夫人燕妮离开德国故土，踏上了前往巴黎的行程。半个世纪后，一群继承着马克思革命理想

① 《马克思恩格斯全集》第一卷，人民出版社 2002 年版，第 946 页。

的理论家们又重新聚集于德国的热土之上，试图根据国际工人运动的新变化“修正”马克思主义，纷纷提出了自己不同的革命主张——他们就是第二国际的理论家们。19 世纪 70 年代末 80 年代初，资本主义从自由资本主义阶段走向垄断资本主义阶段，生产力的发展带来了经济上的进一步繁荣，也激化了资本主义固有的基本矛盾。与此同时，国际工人运动开始复苏。1889 年 7 月各国工人党召开大会，“第二国际”在大会上正式成立。第二国际不仅是国际社会主义工人运动史上的一个重要阶段，也是马克思主义理论面临现实考验与理论挑战的特殊时期。在这一时期，资本主义经济得到了迅猛发展，同时资产阶级出于策略的考虑在一定程度上提高了工人的经济待遇和政治地位。资本主义社会所呈现出的表面的“繁荣”与“和平”，使得许多关于“马克思主义已经过时了”的言论甚嚣尘上。马克思主义理论遭遇了各种来自内部和外部的攻击，同时也有许多革命者面对形势的变化迷失了革命的意志和方向，对马克思主义产生了严重误解。面对这种状况，作为马克思和恩格斯之后的第一代马克思主义者，第二国际理论家担起了捍卫和宣传马克思主义的重任，在应对各种理论诘难和现实挑战的过程中阐发了对马克思主义的理解。

（一）伯恩施坦的“修正”

从 1896 年 10 月至 1898 年 6 月，在恩格斯逝世（1895 年 8 月）不到一年半的时间里，作为恩格斯重要遗嘱执行人的伯恩施坦就开始在德国社会民主党的正式机关刊物《新时代》上以《社会主义问题》为总标题发表了系列论文，公开提出了“修正”马克思主义的主张。伯恩施坦认为，马克思主义作为一种科学，可以分为两个部分，一部分是作为“不变成分”的“纯粹的普遍的理论”，主要是马克思主义理论中涉及资本主义社会及其发展规律的、不论民族和地区差异都具有普遍适用性的理论（如资产阶级生产方式论和剩余价值学说等）；一部分是作为“可变成分”的“应用的理论”，主要是根据特殊状况和特殊形势的客观需要进行灵活调整的理论（如无产阶级实现社会主义的方式），以便及时剔除其中不合时宜的“空想”的成分。

伯恩施坦提出，要以唯物史观为标准，来衡量各种所谓的“马克思主义”是否具有“正统”性。而从唯物史观的基础出发，伯恩施坦认为，在强调生产方式、经济基础对于社会发展的重要性之余，还要越来越多地关注上层建筑诸要素（如法权和道德观念、宗教传统等意识形态因素）以及地理环境等自然因素所发挥的影响。他认为这些补充才使得唯物史观真正成为科学的历史理论。伯恩施坦主张，马克思主义经典作家是把“重新使理论获得统一性和重新建立理论同实践之间的统一性的任务，留给了他们的后继者。”所以，“马克思主义理论的向前发展和改进必须从对它的批判开始。”①

之所以有这样的看法，是因为在伯恩施坦看来，资本主义并没有按照马克思和恩格斯当初设想的那样出现了“总崩溃”的趋势；社会阶级关系的尖锐化程度也并没有按照《共产党宣言》中所描绘的那样发展。相反，一方面，世界市场的拓展和现代通讯与运输业的大规模发展，使得新出现的卡特尔和托拉斯式的资本主义调整和增强了自身的适应能力；另一方面，随着社会财富的增长，无产阶级的社会处境在一定程度上得到了相对改善，随着资产阶级统治手段的“文明化”（日益隐秘化），阶级关系的对抗程度并没有想象中的那样尖锐。可以说，伯恩施坦有关资本主义社会新发生的一系列变化的分析，被资本主义的表象所证实；但这些表象并不能从根本上改变阶级对立的事实，更不能以此说明马克思和恩格斯的判断是不合时宜的。

根据伯恩施坦的判断，马克思和恩格斯之所以对革命形势判断有误，乃是因为掉进了黑格尔辩证法的陷阱，即在黑格尔的历史哲学中，对立面的消除只消在纯粹思辨中就可以

---

① 〔德〕爱德华·伯恩施坦著，殷叙彝译：《社会主义的前提与社会民主党的任务》，三联书店1965年版，第53页。

完成，而在真实的历史和个体生活中，对立面的消除则要复杂得多，也困难得多，而且也不可能按步就班地精准推进。因此，伯恩施坦指出，黑格尔的概念辩证法是马克思主义学说致命病毒，是妨碍我们对形势进行准确判断的陷阱，如此一来，受黑格尔影响的马克思和恩格斯对无产阶级革命形势的错误判断也就是不足为奇了。

与通常的暴力革命主张不同，伯恩施坦主张以议会斗争为主要策略，以“和平渐进”的方式“长入”社会主义。在他看来，在资本主义社会没有发展到足够富足的水平、工人阶级的政党没能全部民主地掌握政治和经济机关之前，社会主义就没有获得成熟的足够条件。第一个条件，显然需要无规定日期的等待，而唯一可做的第二个条件，根据伯恩施坦的提议，又需要以民主和平的方式来开展，这实际上取消了暴力革命的合法性地位。于是，在伯恩施坦这里，和平民主取代暴力革命，成为从资本主义向社会主义转型的关键手段和形式。然而，这样的转型何时能实现，就成了水中月和镜中花的事了。

（二）考茨基的“中立”

面对伯恩施坦的“修正”，考茨基作为第二国际理论家团体的实际核心人物，并没有及时给予正面批评，但他也认识到社会革命形势和条件的判断，会对无产阶级的行动和态度影响深远。因为这直接关系到当前是否处于无产阶级革命时代以及如何进行革命的根本问题。实际上，围绕这一问题的不同回答，一直是第二国际理论家之间进行争论的焦点，也是他们判断是否属于“正统”行列的试金石。

对于19世纪末20世纪初资本主义的发展状况，考茨基与伯恩施坦的看法有所不同。考茨基认为，随着资本积累和物质财富的增加，资本主义社会无论是阶级矛盾还是无产阶级的贫困状况，都没有得到根本性改善，反而比过去更严重了。所以，根据考茨基的判断，随着资本主义经济危机的周期性发生，资本主义必将走向崩溃。与伯恩施坦不同，考茨基维护了马克思和恩格斯关于资本主义必然崩溃的论断。为此，考茨基批驳伯恩施坦说，“谁对无产阶级遭受日益剥削这一事实提出异议，谁就必须对马克思的《资本论》提出反驳”①，根据考茨基的理解，伯恩施坦所提供的不过是一些统计数据，不能与马克思《资本论》中对资本主义规律的深刻把握相提并论，虽然当前因海外市场的开拓，资本主义经济得到了复苏和发展，但这并不能改变工人阶级绝对贫困和资本家绝对掌握大量财富这一事实，而且，因为这一事实，资本主义社会的阶级矛盾更加尖锐而不是缓和。

为什么阶级矛盾更加尖锐了呢？考茨基分析说，当前资本主义国家会广泛采用新的管理和运营方式（比如股份制、跨行业资本垄断、运用金融杠杆等）。为了提高自己的市场竞争力和利润率，资本家会想方设法减少人力资源的成本（比如尽可能减少雇工规模、实行工资最低化标准、延长工作时间）以降低生产成本；所以，工人的生活状况将进一步恶化。显然，与伯恩施坦将19世纪末20世纪初出现的新垄断资本形式（如卡特尔、辛迪加或托拉斯）视为资本主义自我调节、自我修正和自我改善的神器不同，在考茨基眼里，这些不但不是神器，反而是资本主义社会矛盾的加速器和催化剂。而且，垄断资本的国际化和殖民化，不仅给资本家压低本国工人工资水平（因外籍廉价劳动力的涌入）提供了可能性，本国工人还会因为潜在的危险（因国际劳动力市场的竞争因素）等被迫接受资本家的加班工作等苛刻条件。而金融杠杆因素的加入（如通货膨胀政策等）则更是加剧了工人的贫困化。因此，与剩余价值率的绝对提高相比，工人名义增加的工资水平完全不足以弥补二者之间的巨大鸿沟。实际情况是，资本家对工人的剥削更加严重了，工人的生活水平的些许改善，与他们所受的严酷剥削（极为苛刻的就业条件）相比、与日益积聚富可敌国的资本家相比，几乎一个是天上，一个是地

① 〔德〕卡尔·考茨基著，何江、孙小青译：《社会革命》，人民出版社1980年版，第27页。

下，感觉都不是发生在一个国家、一个地球上的事。一句话，伯恩施坦的和平演进政策也是不可取的，而必须采取革命。

1909年，考茨基在《取得政权的道路》一书中表达了自己的革命观，宣称“我既不是不惜任何代价的合法性的拥护者，同样也不是不惜任何代价的革命者”[①]。显然，这是一种中立的立场，既不赞成无条件地要求进行合法化斗争（如伯恩施坦的议会斗争、民主路线），也反对无谓的激进暴力革命路线（如下文中所要讨论的卢森堡的不断革命论）。同时，考茨基强调，我们一方面要（像伯恩施坦那样）及时把握资本主义的新变化，但另一方面（也是与伯恩施坦所得出的结论完全不同的）也要清醒地看到这些新变化并没有改变资本主义社会的基本生产方式及其所导致的贫富差别加剧和阶级对立尖锐等社会矛盾。只要这些社会矛盾和造成这些社会矛盾的基本生产方式没有改变，无产阶级革命就不会停止，也是不能被叫停的，因为这是历史进步的车轮。换言之，无产阶级也只有采取夺取资产阶级政权的革命道路，才能最终为自身的彻底解放铺平道路。

那么，如何革命呢？与几乎同时期出现的企图通过与资产阶级协同行动的改良主义的思想不同，考茨基认为无产阶级和资产阶级这对宿敌之间是不可能进行合作或结成革命联盟的。虽然，随着时代和社会的变革，将来的革命有可能会采取完全不同的新形式。不仅如此，他似乎也倾向于同意伯恩施坦对于民主的热衷。在他看来，参与合法斗争，不仅可以锻炼无产阶级的政治觉悟、团结性和活动能力，而且还可以在斗争中自觉意识到不同政党和阶级之间的差别和力量对比情况，这些都会使无产阶级在政治上更加成熟起来。因此，他说，民主就是无产阶级这一有机体的阳光和空气，是无产阶级自我成长的必要平台和条件，是无产阶级检验革命时机是否成熟的测量器。然而，民主尽管重要，但却无论如何不

① 〔德〕卡尔·考茨基著，刘磊译：《取得政权的道路》，三联书店1963年版，第108页。

能用来完全替代革命，无产阶级无论如何不能解除自己的武装，不能奢望资产阶级会良心发现，不再剥削和压迫无产阶级。相反，这两个阶级之间必有一战，这是不可避免的。那么，什么时候才能战呢？考茨基的分析是，必须具备两个条件：其一，资本主义生产方式获得足够发展以至于为所有制转型提供了充分的经济可能性；其二，无产阶级自身的队伍获得足够良好的成长（包括数量充足、管理有序、阶级意识明确）。可是这些条件什么时候才能基本满足呢？深究起来，和伯恩施坦一样，考茨基大概也觉得目前仍然需要等待。

不仅如此，考茨基还对于无产阶级革命怀有潜在的消极态度。在谈及无产阶级革命的当前形式时，考茨基和伯恩施坦一样，总是特别强调要采取和平形式，认为暴力革命是达到目的的最缺乏理性的手段。在他看来，虽然革命是不可避免的，是必要和必需的，但也是有条件的，而且在（需要满足上述两个条件的）正式革命爆发之前，我们最好不要盲动，特别是不能冒进，甚至连像罢工这样的手段，在他看来也属于过于激烈的形式。因为，现在资本主义社会的大多数人还没有做好向社会主义过渡的思想和心理上的准备，如果在这个时候拔苗助长，只会招致灾难性的后果。怎么办？除了等待，还有别的什么吗？考茨基当然有药方，但却是与伯恩施坦的药方十分相似，这就是先采取议会斗争的和平模式（当然无产阶阶级政党要在工会和关键制度改革中获得日益明显的优势地位），然后再等待革命时机的逐渐成熟，至于什么时候才能成熟，那就只能视情况而定了。不难发现，虽然对当前资本主义的病症的判断结论明显不同（伯恩施坦认为资本主义社会基本矛盾得到了缓解，而考茨基则认为是在加剧），但他们俩开出的药方却是惊人的相似：要和平，不要暴力革命。

（三）卢森堡的“激进”

在第二国际的这些理论家群体中，罗莎·卢森堡是最具有鲜明个性和战斗精神的一位。自从伯恩施坦提出和平进入社会主义的主张之后，在当时第二国际（德国社会民主党）内部，虽然考茨基显得多少有些犹豫不决，但依然有像卢森堡这样的重要理论家第一时间站出来，同伯恩施坦的修正主义观点进行了论战。1898 年 6 月至 9 月，她针对伯恩施坦在《新时代》刊登的总标题为《社会主义问题》的一组论文，写出了长达107 页的论战手稿，于9 月21 日至28 日以《社会改良还是社会革命?》的总标题连载在《莱比锡人民报》。

她以犀利的笔调指出：

第一，伯恩施坦修正主义的前提，就是企图用资本主义“适应论”来取代马克思主义所揭示的资本主义“崩溃论”。伯恩施坦断言：德国社会民主党（作为无产阶级政党）当前的活动方针不再是通过暴力革命掌握国家政权，而是去寻求以合法的议会斗争的合作的与和平的方式。然而，伯恩施坦的这一观点在卢森堡看来，都是不符合科学社会主义（马克思主义）基本原则的。因为在科学社会主义看来，资本主义的发展只会导致危机的更加隐秘化和严重化，而且在这一过程中，无产阶级的力量和觉悟也会得到不断提高，这更是加速了资本主义崩溃的必然性结果。所以，和考茨基一样，卢森堡更加坚决地反对伯恩施坦关于当前资本主义发展现状的判断，这实际上是坚持了科学社会主义的一个基本看法，即资本主义必然灭亡、社会主义必然胜利的历史判断。在这一点上，卢森堡和考茨基站在了一起。

第二，伯恩施坦关于资本主义适应论的最重要依据，是资本主义金融杠杆手段（特别是信用制度）扩展和跨行业垄断资本（如辛迪加、托马斯等企业合并组织）的形成。的确，资本主义的新金融政策、特别是信用制度可以把资本的扩张能力提高到极大限度，因为信用制度可以引诱消费者大量预支未来（甚至是无力偿还的）消费额度，这种失序的、时空错乱的消费活动，虽然可以在短期内刺激生产和市场需求的增加，但就像是雅努斯的脑袋，它的另一面就是打开的潘朵拉的盒子：因生产过剩而导致对生产力本身的灾难性破坏。个别资本家是唯一可能在这场金融投机中获暴利者，但大多数人（特别是无产阶级）则是被裹挟在一个十分脆弱的交换关系循环当中，犹如击鼓传花，即便是蝴蝶翅膀的震动，都会造成整个链条的脱节。至于卡特尔、托拉斯等资本主义垄断组织，也并不像伯恩施坦所认为的那样可以通过对生产的调整来结束生产无政府主义状况，从而避免经济危机。恰恰相反，它们使生产者同消费者之间的矛盾激化，使资本同劳动的对立以最尖锐的方式表现出来，使资本主义世界经济的国际性同资本主义国家的民族性之间的矛盾尖锐化。关于这一点，考茨基也有类似的判断。

第三，伯恩施坦所宣扬的实现社会主义的基本手段是工会、社会改良和国家政治民主化的理论，实际上是来自于德国修正主义经济学家施米特。施米特就曾主张，为社会改良而进行的工会斗争和政治斗争，将带来对生产条件的日益加强的“社会监督”，从而一步步地限制资本所有者的权力，把他们降到管理者的地位。最后，资本家看到自己的财产对自己越来越没有价值了，就会放弃领导和管理生产的职务，从而使社会主义企业最终建立起来。因此，他每谈及国家的劳动保护立法时，总是使用“社会监督，一词，从而巧妙地把国家变成了社会，把德国联邦议会通过的劳动保护立法变成了德国无产阶级的社会主义过渡措施。伯恩施坦也称工厂立法是一部分的“社会监督”，既然是一部分的“社会监督”，那么也就有一部分的“社会主义”。然而，它们并不是对资本主义所有权的限制，而是对它的保护，并不是对资本主义剥削的干涉，而是对它的调节和安排。

卢森堡指出，伯恩施坦修正主义的全部理论可以概括为一句话，那就是建立在（施米特式）庸俗经济学基础之上的社会主义革命停滞论。它企图以此来修正马克思主义（科学社会主义）的资本主义崩溃论，但这在卢森堡看来，不过是一场空想。因为卢森堡指出，当前资本主义垄断组织的形成以及在政治组织上不得不采取的改良政策（如民主制度设计），不能从根本上改变其资本主义的本质，社会主义和资本主义之间的高墙，只能用无产阶级革命的铁锤来予以击垮。

正是在这里，卢森堡不仅与伯恩施坦不同，也与考茨基分道扬镳。可见，卢森堡是激进的不断革命论坚持者。

罗莎·卢森堡（图片来源：凤凰网）

卢森堡认为，无产阶级政党的领导必须和群众罢工运动有机结合，才能成功夺取社会主义革命的最终胜利。为此，她对1905年爆发的俄国革命评价颇高，甚至号召德国社会民主党要向俄国学习。这与伯恩施坦乃至考茨基都十分不同，因为这二者实际并不认同群众罢工运动的合法性，甚至认为这是不合法的、不符合民主精神的暴动或盲动，就像考茨基说的，不到万不得已最好不要采取这种极端的斗争形式，因为它只能是保守的，只能是争取蝇头小利的短视行为，而且会破坏无产阶级革命在潜伏期的韬光养晦。坚决主张和平民主策略的伯恩施坦就不用说了，更不会同意群众罢工斗争形式。卢森堡虽然也时常对自发的工人日常斗争活动心存担忧，认为不能不讲斗争条件和时机，但她更明确、更鲜明地支持这种群众斗争形式。他们三人在这一点的不同态度，在1910年爆发的德国群众示威运动中展露无遗：卢森堡提出要争取开展群众性政治罢工，并尽早在夺取政权的斗争实践中练兵，因为革命不可能一蹴而就、一次成功；而考茨基则主张先利用议会和工会斗争，万一不行再使出群众性政治罢工的杀手锏。显然，他们都强调政党领导的重要性，但卢森堡更愿意相信实际革命斗争过程中的无产阶级本身的力量，并相信无产阶级会在不断斗争中逐渐成熟起来。虽然她在无产阶级革命自觉性问题上，与列宁也有着很多不同的见解。

三、一个影响至今的西方马克思主义流派：法兰克福学派

“第二国际理论”兴起约半个世纪后，即1923年2月3日，在德国美因河畔的法兰克福大学，由一名商人赞助成立了法兰克福社会研究所。1924年6月22日，研究所正式运行，史学家格林贝格任所长，霍克海默和波洛克等人都是最初的成员。赞助商的儿子韦尔最初给研究所提出的研究方针是：独立于政党政治之外来研究从经济基础到上层建筑的总体社会，以促进人们对社会生活的理解和认识。之后，第一任所长、擅长马克思主义经济史研究的格林贝格为研究所规定了专门从事社会主义与工人运动史方面研究工作的具体方向。此后，该所出版的《社会主义和工人运动史文库》，实际上成为了自称在严格的科学意义上理解的马克思主义者们的交流平台。无论是马克思、恩格斯的文献，还是第二、第三国际理论家的文章，还是西方马克思主义（如卢卡奇和科尔施）的文章，都可以在该研究所出版的杂志中找到。鉴于东西方思想交锋的共同关切点和复杂性，1929年，韦尔提出了第二个备忘录，再次具体规定了研究工作的六个方面，分别是：历史唯物主义和马克思主义哲学基础；政治经济学理论；计划经济问题；无产阶级地位；社会学；社会学说史和政党史。这为研究所日后的跨学科研究模式奠定了基础。

（一）所长霍克海默和社会批判理论的提出

同样是在1929年，格林贝格因为罹患中风不得不宣布退休。次年，霍克海默接替了他的工作并在不久之后被任命为新所长。霍克海默是一位非常有能力的社会活动家型学者，他从当时的全欧洲范围内引进各个学科（经济学、哲学、心理学和历史学等）的人才加盟法兰克福社会研究所，力图将研究所的研究定位转向对现代资本主义社会进行多学科的综合研究。1931年1月，他在就职演说中提出构建旨在研究整

个人类的全部物质文化和精神文化的社会哲学的主张，并强调，这一社会哲学的研究方法是辩证法，而且是反对庸俗化的真正的马克思主义辩证法。这就意味着，不能机械地认为人的心理等因素只是经济的纯粹被动的反映，而是其间有着十分复杂的相互作用。从这一定位中不难发现，霍克海默在某种意义上承袭的是卢卡奇式的人本主义西方马克思主义的黑格尔主义路线（更多强调意识形态/上层建筑），并在日后的（特别是对法西斯主义和消费社会的）心理学分析中独树一帜（甚至其部分成员还可称之为弗洛伊德主义的马克思主义）；另一方面，运用马克思的异化概念对当代资本主义社会的辩证理性批判分析，也成就了该学派最大学术风格。无论如何，虽然一直秉承所谓开所以来所强调的纯粹学术化的路线，但霍克海默还是把研究所的侧重点从经济史学转向了社会哲学。后来被国际学界所熟知的法兰克福学派，正是从霍克海默任所长之后渐成气候的。

1932 年 6 月，研究所创办《社会研究杂志》，霍克海默兼任杂志的主编。他在杂志创刊号的前言中，重申他的理论纲领，坚持研究工作的总体性和学科交叉性，强调沟通个体与社会心理的作用。创刊号登载了霍克海默与弗洛姆两篇有关心理学的文章，以及格罗斯曼论述资本主义崩溃、波洛克分析在资本主义框架内实施计划经济的可能性、洛文塔尔阐述文艺社会学任务、阿多尔诺谈论音乐等论文，体现了霍克海默规定的研究所的方向、任务和特色。同年，马克思的《1844 年经济学哲学手稿》（以下简称《巴黎手稿》）首次全文公开问世，马尔库塞马上针对《巴黎手稿》进行研究并发表了论文《奠定历史唯物主义基础的新资料》（英文译名为《历史唯物主义的基础》）。这篇援引海德格尔的存在主义某些观点来解释马克思的作品，是西方马克思主义学者中最早研究公开发表的《巴黎手稿》并阐述其人本主义哲学内涵的重要作品之一，为日后鼎盛的“巴黎手稿热”垫定了基础。

法兰克福学派社会研究所大楼（图片来源：新浪网）

1933 年 1 月 30 日，兴登堡任命希特勒为共和国总理。就在同一天，霍克海默和波洛克位于科隆贝尔格的住所被纳粹冲锋队没收，并被变成了一座兵营。由于当时研究所是一个公开的马克思主义研究组织，且其成员又大都具有犹太血统，首当其冲地成为当局迫害的对象。当年 3 月 13 日，纳粹政权以“敌视国家的倾向”的罪名关闭了研究所，所内 6 万卷图书被查抄，研究大楼的使用权归纳粹学生团所有。鉴于日益紧迫的形势，霍克海默不得不先将研究所迁往日内瓦，后又辗转迁往巴黎。社会研究所被重新取名为“国际社会研究协会”，霍克海默与波洛克共同任会长。1934 年 5 月，霍克海默赴美拜见哥伦比亚大学校长，被允准在该校设所。同年，霍克海默及其亲密的同事马尔库塞、波洛克、洛文塔尔和维特弗格尔相继到达美国，经过多方努力，终于在纽约恢复了社会研究所。而弗洛姆已在 1932 年到芝加哥精神分析学院执教，阿多尔诺则于 1938 年抵达美国到所工作。

正是在这样的辗转迁徙、甚至学术移民的艰难过程中，法兰克福学派的“批判理论”正式诞生了。1937 年在研究所杂志上发表的霍克海默的《传统的理论和批判的理论》中首次把他们的理论称之为“批判的理论”。这就是社会批判理论的最初表达。所谓“批判”，霍克海默强调这是马克思主义的辩证批判，而不是黑格尔式的纯粹观念的概念批判。霍克海默认为，这种马克思主义的辩证批判，包括对当代资本主义社会的同一化机制批判、对大众文化的批判、对实证主义和科学主义的工具理性批判等方面。

为了强调批判活动的辩证性和哲学基础，霍克海默甚至将研究所的刊物改名为《哲学和社会科学研究》（1939 年在纽约推出英文版）。这一时期，面对法西斯主义在欧洲的兴起与横行，从跨学科的视角批判分析法西斯主义，成为研究所的一项十分重要、也具有很大影响力的工作。可以说，构成了这一时期批判理论的主要内容。在美国犹太人委员会和犹太劳动者委员会的资助下，法兰克福学派的理论家们完成了很多有影响的著作，比如，霍克海默的《独裁主义国家》，从政治上揭示了这类国家实行的是中央集权的官僚和警察统治，具有极权主义的压制性，国家社会主义是它的表现形式；弗洛姆的《逃避自由》着重分析法西斯主义兴起的心理机制、社会背景和阶级基础，并探析了纳粹所用以蛊惑大众的意识形态；诺伊曼的《巨兽》，将法西斯主义比喻为“巨兽”，剖析了 1933—1944 年国家社会主义的结构与实践；阿多尔诺等人的《独裁主义人格》研究了极权制度所特有的态度、信仰和神话根源；而马尔库塞的《理性与革命》，不仅从哲学和社会学角度批判了法西斯主义，也将马克思主义同黑格尔主义进行了“综合”。

在法兰克福学派的理论家们把法西斯主义国家作为独裁主义国家的极端来进行研究时，他们发现以自由和民主自居的美国，其实是另外一种独裁统治形式。当然，不同的是，美国的独裁（从对内来看）更多使用的不是军事和强权，而是通过消费文化来对大众进行思想和生活方式的依附性培育。于是，对以消费文化为主要特点、以文化工业为主要样式、以大众文化为主要名称的文化批判研究，成为法兰克福学派在 20 世纪 40 年代的另一个重要议题。1941 年，《哲学和社会科学研究》出版了一期论述大众传播媒介的专刊。霍克海默与阿多尔诺在专刊上发表了合写的《启蒙的辩证法》，它以工业和技术发展为主线索的近代化理性亦即启蒙理性，视为与辩证理性相违背的另一种极权主义：工具理性及其实证主义和科学主义的理论代言人。即启蒙已倒退为神话，被近代（资产阶级）文明化（即被启蒙）的“文化”（区别于古典时代的崇高文化）已成为社会进步的桎梏；马尔库塞的《单向度的人》则更是把文化工业作为对当代以美国为代表的资本主义统治的批判，并作出了工业社会是单向度的社会的断言，生活在这里的人们，也是单向度的人。

（二）重返德国与法兰克福学派的名声鹊起

第二次世界大战结束后，应联邦德国政府邀请，霍克海默、阿多尔诺、波洛克等返回德国法兰克福大学（1949），而马尔库塞、弗洛姆和洛文塔尔等则仍留在美国。1951 年，研究所在法兰克福大学重新开张，研究所刊物更名为《法兰克福社会学丛刊》。霍克海默和阿多尔诺任正、副所长。但前者于 1954 年起赴美讲学直至 1959 年退休，所以实际上在法兰克福的研究所是由阿多尔诺主持工作，直至 1969 年。重建后的研究所仍继承魏玛时期的传统，再次成为具有独立思考和批判头脑的知识分子的中心，并在科隆、法兰克福、慕尼黑建立了小组，它们对社会民主党的学生组织——德国社会主义学生联盟有较大影响。20 世纪 50 年代，以批判理论著称的法兰克福学派开始在欧洲学界名声鹊起，60 年代逐渐达到鼎盛，并在欧美左翼知识分子和青年学生中产生了持续而广泛的影响。可以说，很多那个年代的青年人都是通过它们而开始了解马克思的。

为法兰克福学派学术形象增光的主要理论贡献包括：

第一，批判理论旨在运用马克思的异化理论，全面揭示“发达工业社会”中人与社会的异化。鉴于第二次世界大战结束后，资本主义世界又进入了一个稳定发展时期，伴随着新的科技革命，生产效率大大提高，政治国家、阶级和资本结构与功能形式等方面都已发生重大变革（与自由竞争阶段的资本主义古典时代相比——学界也有称之为垄断资本主义或福利制资本主义），资本主义社会日益成为“发达工业社会”或“富裕社会”。然而，就在社会物质财富空前丰富的所谓“黄金时代”到来之时，生活在其中的人们却感受到了日益严重的精神危机。于是，法兰克福学派开始在“发达工业社会意识形态研究”的题目下对资本主义的文化现象和人的心理压力情况进行批判研究。弗洛姆的《健全的社会》与马尔库塞的《单向度的人》就是这方面的代表作。这些作品从马克思《巴黎手稿》和《资本论》的拜物教理论中获取大量灵感，试图将之运用于当代批判理论的建构。

第二，批判理论试图建构一种弗洛伊德主义的马克思主义，即试图在文化研究中引入弗洛伊德的精神分析学理论并将其补充到马克思主义生产方式理论之中，并应用它分析法西斯主义的形成与普遍化的大众心理机制。虽然心理学作为法兰克福学派跨学科融合发展的主要参与因素之一，从该研究所创立之初就已初现端倪，但能够成为一种具有明显影响力的学术气候，并能被称为“弗洛伊德主义的马克思主义”则是20世纪50—60年代的事。彼时，马尔库塞的《爱欲与文明——对弗洛伊德思想的哲学探讨》、弗洛姆的《在幻想锁链的彼岸——我所理解的马克思和弗洛伊德》陆续公开发表，法兰克福学派的心理分析学优势开始彰显并一直伴随始终。

第三，批判理论强调辩证法的否定性。虽然马尔库塞早在其《理性与革命》中，就已把黑格尔的辩证法称之为“否定的哲学”，把真正的理性也即辩证理性描述为否定。然而，只有到了阿多尔诺的《否定的辩证法》中，否定辩证法理论才更加彻底和决绝。该书以“非同一性”为重要概念，所谓非同一性，就是认为辩证法就是否定、否定、再否定。这就意味着矛盾的不可调和性和对立面的绝对否定性，认为一切企图调和矛盾及其双方绝对否定性的做法，都是在实践中为独裁和垄断资本主义辩护的——资产阶级实证主义就是典型代表。这本富于思辨的著作，为法兰克福学派对现代社会进行全面批判、绝对否定的激进主义的政治理论和“大拒绝”

的斗争策略提供了哲学论证。这是对马克思辩证法精神的激进的哲学表达，是无产阶级革命在欧洲不断受挫后的哲学家式的苦闷。

总之，鼎盛时期的法兰克福学派以社会批判理论的大旗，从事着工具理性（也称之为启蒙理性）批判的工作，试图在恢复马克思主义辩证法的革命功能（他们更多称之为否定的辩证法）的方法论框架下，从事资本主义文化工业、消费社会和异化的日常生活及其大众心理基础的批判。异化，是他们从马克思那里借用来的对资本主义社会各种弊端、特别是意识形态与文化批判的哲学描述，而辩证法则是他们从马克思那里借用来的被安放他们革命乌托邦的理论神器。而他们真正丧失的，却是马克思在《资本论》中的政治经济学批判的实践维度。

（三）法兰克福学派在当代：哈贝马斯和霍耐特

法兰克福学派在20世纪50—60年代的辉煌，不仅表现在理论上的重大进展，而且表现为理论队伍的充实壮大。可以说，法兰克福学派是西方马克思主义诸流派中影响最大、人数最多、持续时间最长的一个重要派别。继霍克海默、阿多尔诺和马尔库塞等第一代核心人物之后，在学界、特别是20世纪60年代以后的学界能产生持续影响的，要数哈贝马斯和施密特等人了。哈贝马斯也是研究所继阿多尔诺后的领导核心，他的论著《公共社会的结构转型》探讨了英法资产阶级公众社会的结构、功能的形成与发展，揭露了当时联邦德国政治制度的专制性。另一位后起之秀是施密特，他的博士学位论文《马克思的自然概念》，通过考察马克思“人化自然”的思想，论述了马克思的“实践唯物主义”，批判朴素唯物主义的纯粹自然观，反对“自然”的本体论化，强调认识过程、辩证运动过程的主体性，坚持了法兰克福学派的文化批判的唯物主义路线。并提出自己的老师霍克海默所提出的社会批判理论就是马克思主义的历史哲学、就是历史唯物主义的新发展。因此，在20世纪70年代，施密特一度被视为法兰克福学派的正宗继承者。

哈贝马斯在与学生研讨（图片来源：中国社会科学院网）

与施密特相反，哈贝马斯则认为法兰克福学派的老的“批判的理论”已经过时了，因它有三大弱点，即用意识形态批判的方法来理解资产阶级历史哲学；坚持黑格尔式的真理观；从来没有公正、认真地对待过资产阶级的民主。因此，哈贝马斯力图把“批判的理论”改造成一种“现代的理论”，即将过去批判理论的工具理性批判升级为交往理性，并更多地借用韦伯式的合理性概念来对现代社会的交往关系进行重新理解和理论建构。为此，他撰写了以《交往行为的理论》为代表的一系列有关交往理论的著作。这构成了他 20 世纪 70 年代以来理论活动的两个主要方面：一是加强了对晚期资本主义的研究。他在《晚期资本主义合法性问题》等著作中，积极探讨“晚期资本主义社会”理论，他将人类社会划分为原始社会、传统社会和 19 世纪末叶开始的晚期资本主义社会，认为后者又可称为国家管理的资本主义，具有国家干预增强和科学技术成为主要生产力两个基本特征。它的社会危机表现为经济危机、合理性危机、合法性危机和动机危机四种形式。这些危机正从经济领域转向文化领域，但却不具备威胁资本主义根本制度和导致阶级斗争的性质和趋势，因为资产阶级已经掌握的娴熟的统治技术来调和阶级矛盾和冲突。二是修正与否定马克思主义的基本理论。他的《重建历史唯物主义》一书，突出地表明他力图摒弃历史唯物主义的传统理论与范畴，企图用“交往”取代“劳动”概念来“重建”历史唯物主义。通过参考帕森斯和皮亚杰的相关理论，他将“交往行为”当作基本的社会范畴，认为它是由符号协调的相互作用（特别是理想情境下的协商和对话），是涉及人与人之间的互动交往关系的行为。因此，他主张用“交往”范畴取代“劳动”范畴，来重新构建生产力与生产关系、经济基础与上层建筑、社会存在与社会意识等范畴之间的交往互动关系。为此，哈贝马斯的理论兴趣更多地转向语言哲学、结构主义和解释学，试图与之结合，来改造法兰克福学派的批判理论。与老一代批判理论家们相比，哈贝马斯逐渐放弃了对资本主义社会的否定性批判，转而更多地关心生活、生态、个人发展以及参与社会决策的公平机会等。所以，依然未变的是法兰克福学派一贯的个体主体范式。

1996 年 5 月 1 日，霍耐特接替哈贝马斯担任法兰克福大学哲学系社会哲学教授和社会研究所咨询委员，并在 2000 年年初被任命为社会研究所所长。作为法兰克福学派第三代理论代表，他似乎比哈贝马斯有着更浓厚的黑格尔主义情结，实际上他的“承认理论”更多地继承了青年黑格尔耶拿时期“为承认而斗争”的思想。然而，也和哈贝马斯一样，他更关心个体的人在爱、法权和团结等方面的因被承认而获得人之为人的完整性和美好感。如果说哈贝马斯的交往理论堪称是法兰克福学派的一次转向的话，那么霍耐特则至少让承认理论有了新的意义，这种对资本主义条件下人格尊严问题的理论化，既是对黑格尔承认理论的再现，又是对老一辈法兰克福学派关注个体的人在资本主义条件异化状态的批判理论一贯路线的坚守。同时，他也承袭了法兰克福学派对于道德等意识形态因素的持续关注——当然，此时的心理分析更多借用的是米德的社会心理学，而非弗洛伊德的精神分析学范式。就像哈贝马斯企图以交往来取代马克思的劳动概念一样，霍耐特也打算以承认理论取代阶级斗争为核心的社会发展理论，认为人与人之间的最佳状态是相互承认，号召人们为承认而斗争，通过建立不被歪曲的自我实践关系，不断完善自身的完整性，从而建设一个以一切公民个体自由为基础的理想共同体。霍耐特指出，理想的社会共同体，一方面必须建立在公民相互尊重、相互承认的基础上，通过与他人的互动以获得对自身的认识，从而满足自身发展的需要，同时也承认他人的权利，尊重和满足他人的需要；另一方面他也指出，个体追求人性完整的诉求与他人的承认之间存在着一种“永久的张力”，个人面临的常常是被虐待、被剥夺权利和被侮辱等，由此，产生了个人为追求承认而斗争的动力，正是这种斗争推动着社会前进。然而，这样的相互承认理想状态，似乎和哈贝马斯的以对话为基础的协商伦理一样难以实现，如果不从根本上改变资本主义社会制度的话。

第二章
法国之困：从《巴黎手稿》到后现代主义

19 世纪 40—50 年代，马克思以巴黎为临时据点，辗转于布鲁塞尔等欧洲多地，他在这里与燕妮正式结婚，并在精神上与黑格尔神会，同时也在这里开展了日后备受瞩目的《巴黎手稿》和《德意志意识形态》等文献的撰写工作，同时也以复杂的方式参与了第一国际的相关工作（以《共产党宣言》为例）。一个世纪之后（亦即 20 世纪 50 年代以后），法国出现了存在主义的马克思主义（以萨特等人为代表）和结构主义的马克思主义（以阿尔都塞等人为代表）以及后结构主义（或后现代主义）的马克思主义（以福柯、德波、德里达等人为代表），其对具体的个体的存在主义关怀，对主体的意识形态召唤机制的关注，对生命政治学的权力政治体制的解构式思想史链接，无疑成就了当今热议的激进左翼话题。

一、山重水复疑无路：马克思与巴黎

19 世纪 40—50 年代，马克思先后辗转于德国、法国、比利时等地。毫无疑问地是，在此期间，马克思的所有生活轨迹都主要围绕一个特殊的城市展开——法国巴黎。回顾过往，在此期间发生的许多事情是值得铭记的。在克罗茨纳赫的教堂里，他向燕妮许下了白头偕老的承诺；在法国街头的酒吧内，他与恩格斯慷慨激昂地谈论人生理想，共同批判青年黑格尔派的僵化思想；在布鲁塞尔的出租屋中，他积极参与创立共产主义通讯委员会，重建共产主义者同盟，并与恩格斯共同起草了《共产党宣言》这一至今仍影响全世界无产阶级的革命纲领；在科隆的闹市旁，他创办《新莱茵报》来延续自己的革命思想。期间，他多次往返于巴黎。然而，他终究是巴黎的过客。尽管他数次遭到驱逐，但他依旧不畏强暴。用语言来鞭笞资产阶级的愚昧，用思想来引领工人阶级的革命，用行动去推翻资产阶级的统治。所有这一切，都是在践行他改造世界的理想。

这一时期无疑是马克思思想发展的黄金时期，从克罗茨纳赫到巴黎，从巴黎到布鲁塞尔，从布鲁塞尔到科隆，马克思的思想不断成熟。起初马克思是一名充满哲学思辨的黑格尔主义者，他专注于理论的批判而非现实的抗争。在为《德法年鉴》撰稿的过程中，马克思逐渐认识到物质利益的重要性，逐渐认识到资本主义社会批判理论的局限性。也是从这时起，他开始有意识地与青年黑格尔派决裂，开始从对宗教的批判转向对世俗社会的批判，开始从追求人的精神的解放转向追求人的自身的解放。《黑格尔法哲学批判》《论犹太人问题》以及《黑格尔法哲学批判〈导言〉》标志着他从唯心主义向唯物主义、从激进民主主义向共产主义的转变的开始。从创办《德法年鉴》到被法国政府驱逐的这段时间里，马克思逐渐认识到政治经济学的重要性，并将主要精力用在了政治经济学研究上。在此期间形成了被称为《巴黎手稿》的 9 本笔记和摘录（其中 6 本笔记被整理成《1844 年经济学哲学手稿》于 1932 年首次全文公开发表）。在《巴黎手稿》中，马克思从劳动开始对私有财产展开分析，阐述了异化劳动理论。然而，他将共产主义实现诉诸于异化的扬弃无疑说明了他还未摆脱黑格尔抽象人本学的影响。与恩格斯相遇后，两人出于观点的一致，共同撰写了《神圣家族》一书，对青年黑格尔派进行了全面的批判。

流亡布鲁塞尔时的马克思，则基于在对实践活动的不断总结，以及经济学知识的不断丰富，对以往的青年黑格尔主义色彩的哲学进行了彻底清算和决裂。他在《关于费尔巴哈的提纲》《德意志意识形态》《哲学的贫困》中，正面阐述了历史唯物主义的基本原理，开启了唯物史观的新征程，基本完成了由唯心主义向唯物主义和由激进民主主义向共产主义的转变。马克思的理论来源于实践，又必然回到实践当中，回到指导工人运动的过程当中。1848 年，《共产党宣言》的发表标志着马克思主义的正式诞生，成为全世界无产阶级的革命宣言书！

（一）克罗茨纳赫时期

《莱茵报》被查封后，马克思再次失业。这次的遭遇给他清醒地上了一课，也使他深刻地体会到，同专制的普鲁士政府讲和不会得到任何结果，与当局的所有斡旋也终究只会让人失望。目前，对他来讲最紧迫的事情是寻得一份可以维持生计的工作，待安顿好生活后便与未婚妻燕妮成家。然而，随着普鲁士政府对新闻出版自由的压制，马克思在德国从事新闻出版事业的希望也已近乎化为泡影。与此同时，青年黑格尔派在《莱茵报》上的分歧开始逐渐地显见，并进一步发展到了破裂的程度。在柏林，由鲍威尔领导的青年黑格尔派开始趋向保守，趋向于将理论与政治相分离，并逐渐地把自己禁锢于纯理论批判当中。于此同时，由卢格领导的青年黑格尔派则希望通过一种更加行之有效的方式进行政治斗争，他们仍坚信最具前途与希望的政治行动途径就是出版真正代表自己思想的杂志。鉴于当时的出版环境，要想把青年黑格尔派激进、民主和共和的理念畅所欲言地表达出来，必然会招致严格的审查与压制。在众多同时代左翼分子的影响下，马克思决心做一名自由的流亡者，搬到一个无需严苛审查和没有挑剔读者的地方，这样就能畅快地吐露心声了。

Rheinische Zeitung
für
Politik, Handel und Gewerbe.

《莱茵报》（图片来源：搜狐网）

其实，在离开《莱茵报》之前，马克思已经开始尝试在国外寻找出版工作的机会。当时在苏黎世

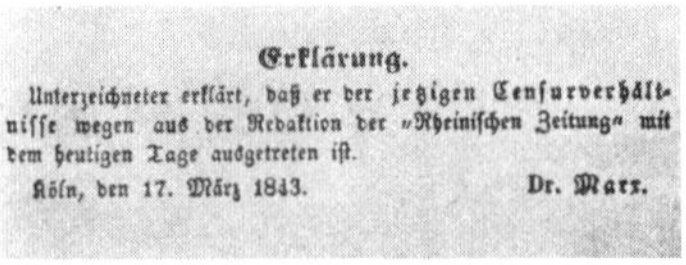
Erklärung.

Unterzeichneter erklärt, daß er der jetzigen Censurverhältnisse wegen aus der Redaktion der „Rheinischen Zeitung" mit dem heutigen Tage ausgetreten ist.

Köln, den 17. März 1843. Dr. Marx.

马克思的《莱茵报》辞呈

（图片来源：搜狐网）

弗吕贝尔出版社有个机关工作职位，由于不太合适，马克思便放弃了。1843 年年初，德意志政府查禁了卢格的《德意志年鉴》，这也迫使卢格产生将出版社搬到国外的想法。卢格十分崇敬马克思，他认为马克思具有极高的智商和思辨能力。鉴于马克思近来令人担忧的现状，卢格邀请他来帮助继续办年鉴。1843 年 1 月，卢格向马克思发出了合作邀请，马克思欣然接受了。在协商了整整一个春天之后，卢格决定创办《德法年鉴》。这是一个与之前不同的刊物，它的出版地定在了斯特拉斯堡，并积极实践德法联合的思想。现在，马克思的生活有了保障，作为副主编每年可以得到 550 塔勒，写文章还可以得到额外的稿费。

令人兴奋的是，在马克思与燕妮订婚的 7 年之后，两人的婚礼终于提上了日程。1843 年 6 月 19 日，依照《拿破仑法典》的规定，两人先按习俗举办了一场婚礼仪式，然后又是一场宗教仪式，地点就在克罗茨纳赫的新教教堂。克罗茨纳赫位于马克思故乡特里尔的东北方，在纳尔河与莱茵河的交汇处，自从燕妮的父亲去世后，燕妮和她的母亲就一直居住在那里。婚礼结束后，他们沿着莱茵河逆流而上，前往德意志西南边陲的几个公国以及瑞士旅行，然后回到了克罗茨纳赫。可是两个人并不善于理财，在蜜月期间他们花光了身上的所有现金。这笔钱原本是燕妮母亲给他们的新婚礼物，原本打算撑到马克思开始新工作的时候。据说，两人在旅途中看望了几个拮据的朋友，并慷慨地接济了他们，钱很快告罄了。这也从侧面反映了两人当时对金钱是有多么的不在意。也正是两人都对金钱的随意，才在一定程度上导致了这对夫妇婚后常被家庭生活开支问题所困扰。

蜜月之后，这对夫妇在燕妮母亲那里住了 3 个月，直到 10 月中旬才起身前往巴黎。他们度蜜月的温泉小镇克罗茨纳赫有个非常不错的图书馆，由该市的官员建造，目的是为前来观光享受的游客服务。马克思充分利用了馆藏资源，阅读了大量西方资本主义国家的历史著作及早期资产阶级作家的政治理论著作，并做了摘要，这就是著名的“克罗茨纳赫笔记”。笔记虽然主要是对别人著述的摘录，却展现出马克思对总结历史经验的重视，以及对历史逻辑把握的追求。除了阅读以外，马克思开始为《德法年鉴》撰稿，其中一篇是关于黑格尔《法哲学》的批判性著作（即《黑格尔法哲学批判》），而“克罗茨纳赫笔记”则为马克思对黑格尔法哲学进行批判做好了理论思想准备，也为其自身思想的转变打下了坚实的基础。这是马克思在理论领域的首次尝试，但如同他的其他宏大设想一样，这部作品并没有最终完成。

《黑格尔法哲学批判》中文版
（图片来源：百度百科）

总体来看，马克思对黑格尔政治学思想看法的转变主要基于两个方面的原因：一是马克思担任《莱茵报》主编时的经历，该经历以及社会主义者对自由派政治学的反对，使得马克思在对黑格尔的批判当中更多地考虑了经济因素；二是马克思研读费尔巴哈的《关于哲学改造的临时纲要》（以下简称《临时纲要》）有感，费尔巴哈是青年黑格尔派哲学家、神学家，与其他青年黑格尔派不同，费尔巴哈是个唯物主义者。他在《临时纲要》中明确指出，黑格尔哲学是神学的最后避难所，因此必须予以摧毁。尤为重要的是，费尔巴哈认为思维源于存在，存在并不源于思维。然而，费尔巴哈的唯物主义是“生物学版本”的唯物主义，他认为人类存在的基础就是性关系。马克思在很多方面是赞同费尔巴哈的，却深深地质疑费尔巴哈的“自然主义的唯物主义”，他认为费尔巴哈的唯物主义过多地涉及自然因素而较少涉及社会政治因素。尽管如此，费尔巴哈《临时纲要》的出版促使马克思颠倒了黑格尔的辩证法，也使马克思明白，国家与社会决定理念，而不是相反。

《黑格尔法哲学批判》则深受费尔巴哈哲学与历史分析方

费尔巴哈（图片来源：维基百科）

法的影响，但马克思的批判理论却有一种费尔巴哈理论中缺乏的历史维度。该著作以在青年黑格尔派中颇为流行的“批判”作为名字，旨在对黑格尔的思想进行分析和考察，并由此阐述自己的思想。该批判以逐段评论的方式展开，即从黑格尔《法哲学》中摘录一段，随后附上自己的分析和评论。在这里，马克思只论述了黑格尔《法哲学》的最后一部分，该部分主要对国家进行了阐述。在注释中，马克思对君主制、行政的和法律的权利进行了评论。在该著作中，马克思继承了黑格尔辩证法的“合理内核”，与黑格尔的“绝对观念”彻底决裂，并就政治问题对黑格尔进行了反思。马克思批判了黑格尔在国家和市民社会问题上的唯心主义观点，并指出这种观点是“头足颠倒”的。因为实际上，是市民社会决定国家，市民社会才是国家的基础，而不是相反。至此，马克思开始了对黑格尔哲学的清算，为以后全面批判黑格尔的思辨哲学做好了准备。

（二）《德法年鉴》时期

在赫斯的陪同下，卢格于 1843 年 8 月前往巴黎，并着手筹备《德法年鉴》（以下简称《年鉴》）。巴黎比德国的城市远为发达，它的人口突破百万，比特里尔和科隆这样的德国省级城市要大上几倍。即便是马克思学生时代生活的柏林，也不过只有 30 多万人口。除了在人口上占据绝对领先以外，这座城市的富裕程度、文化生活的丰富程度都遥遥领先欧洲的其他城市。与德国城市相比，巴黎有着较为浓厚的自由气息，其对政治讨论的限制，与普鲁士境内的审查制度相比较为宽松。这种自由与宽松主要得益于 1830 年巴黎的街头革命，此后“七月王朝”开始实行自由派的宪政体制，该体制主张保护公民的基本自由权利。马克思在《莱茵报》时期曾积极呼吁普鲁士实行这样的制度，但是却没有取得实质性的效果。虽然，19 世纪 40 年代后，法国政府在某些方面趋向于保守，但是这与普鲁士王国相比还是要好许多。

1843 年 10 月底，马克思到达巴黎。燕妮随他而来，此时她已经有了四个多月的身孕。在巴黎 16 个月的时间里，他们先后住在田凫街上的几个地方，这条街位于法布圣日耳曼。从某种意义上来讲，巴黎是欧洲大陆的首都。来自欧洲各地的政治流亡者在这里相聚，在这里表达自己的观点，并希望有朝一日自己对公共政策的主张能对自己的国家产生影响。因此，在巴黎马克思有更多的与工人阶层政治活跃分子密切接触的机会，并与合法或非法结社的手工业者进行交流。

马克思到巴黎后卢格就生病了，《年鉴》的编辑工作落到了马克思的身上。由于各种原因，《年鉴》没有找到法国作者，马克思只能找足够的德语撰稿人，以便在 1844 年 2 月底推出第一期刊物（实际也是该刊的最后一期）。由于该刊物带有明显共产主义倾向的内容与普鲁士的苛刻书报检查制度不符，对于《年鉴》杂志的刊发，普鲁士政府的反应是迅速的，杂志刚进入普鲁士境内便被没收。当局对马克思、卢格等人下了逮捕令。且由于经济纠纷，《年鉴》合伙人之间的关系也逐渐破裂。作为撰稿人报酬，卢格向马克思支付的不是现金而是已经付印的《年鉴》。为此，马克思与卢格大吵一架，两人的关系就此破裂。

从商业投资和政治对抗的角度来看，《年鉴》都算是失败了，但马克思为合刊撰写的《〈黑格尔法哲学批判〉导言》（以下简称《导言》）和《论犹太人问题》还是代表了他的世界观发展的重要阶段。在这里马克思的思想已经开始由唯心主义向唯物主

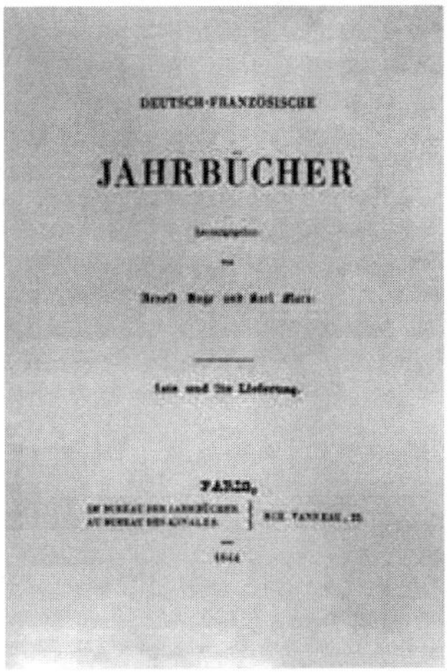

《德法年鉴》

（图片来源：互动百科）

义、激进民主主义向共产主义的转变。《导言》是马克思思想发展的新阶段，他在文章中指出，青年黑格尔派不应该仅仅局限于对宗教的批判，而应该发展为对现实社会和政治环境的批判，并发展出一套实现政治变革与社会变革的理论。他在批判黑格尔哲学的同时，对德国现实的阶级关系进行了批判。他将社会主义学说与现实的工人运动结合起来，初步阐明了无产阶级的历史使命及其取得胜利的途径。

在《导言》中，马克思认为自己在理论上已经完成了对宗教的批判，并得出了“人创造了宗教，而不是宗教创造了人”的结论。马克思还结合自己对国家和现实的认识将这种结论向前推进了一步。他认为“宗教是人民的鸦片”，宗教的苦难源于现实的苦难，是对这种现实苦难的抗议。紧接着，马克思分析了普鲁士的现状，并认为由于复辟之后没有经历革命，初次革命遭受挫折后便被封建制度扼杀了，这是德国落后的根本原因。因此，马克思主张向封建制度斗争，这种斗争不应仅仅停留在理论阶段，而是对封建制度进行现实的批判和斗争。继而，马克思找到了德国革命的现实力量，并赋予了德国无产阶级历史使命。他认为，德国无产阶级是刚刚发展的新兴力量，他必然会随着德国资本主义的发展而不断地壮大，进而发展成为社会的主要阶级。马克思认为哲学作为“精神武器”应该与无产阶级这种“物质武器”互相结合，哲学和无产阶级的领导是新的社会制度诞生的基本条件。

在《导言》中，马克思批判的火力很猛，但是无疑理论化色彩浓厚，对哲学的历史作用也定位过高，所以在他的分析和批判中显露着教条主义的痕迹。此外，该文章也深受费尔巴哈人本主义的影响，比如他认为“人是人的最高本质”，这完全是抽象空洞的命题。与其在《1844 年经济学哲学手稿》中将人的本质归结为“实践活动”、在《关于费尔巴哈的提纲》第六条中将人的本质归结为“一切社会关系的总和”等相比，缺乏生动和深刻的内涵。《导言》最后指出“高卢雄鸡的啼鸣将宣布德意志的复兴”，法国即将发生的激进革命将导致德意志的动荡，就像 18 世纪 90 年代时一样，将革命性的变化带给德意志。

一种更为激进的革命目标，即“实现全人类解放”的目标，此时仍然是含糊的。马克思在《年鉴》中的另一篇文章《论犹太人问题》中，开始就这一目标进行阐述，这也是马克思第一次将资本主义的终结与人类的解放联系在一起。《论犹太人问题》是马克思同青年黑格尔派首领布鲁诺·鲍威尔就犹太人问题论战的结果，是马克思对黑格尔法哲学批判的继续。

《论犹太人问题》共分为两个部分。第一部分马克思指责鲍威尔将政治解放与人类解放混为一谈。他认为首先需要将政治解放与宗教解放联系起来，宗教问题源于世俗社会，只有率先解决世俗问题才能解决宗教问题。马克思将政治解放与宗教的关系问题视为政治解放与人类解放的关系问题，认为政治解放并非是彻底的解放。只有当人们认识到自己的原有力量，并不再把社会力量当作政治力量跟自己分开的时候，人类的解放才能实现。

马克思在《论犹太人问题》的第二部分进一步探讨了真正的人类解放的本质和特征。他认为，在资本主义社会里，无产阶级要想取得人类解放，就必须消灭资本主义社会的基础及其赖以生存的条件，这种解放就是无产阶级进行社会主义革命。在这里马克思已经对私有财产有了初步的认识，认识到它是市民社会和政治国家形成的基础，是剥削制度存在的根源。当然，此时马克思对私有财产的认识在很大程度上是一种形而上学的哲学思考，尚不具有经济学上的意义。这也使得他仅仅从理论上讨论了无产阶级的人类解放问题，而不能给出人类解放的具体方式和途径。很显然，这部作品无论是在术语的使用上，还是对人类解放的阐述中都受到费尔巴哈人本主义的影响。

总之，马克思在《年鉴》上发表的这两篇文章对市民社会与政治国家的关系进行了分析，将共产主义的产生视为资本主义灭亡的必然结果。他对无产阶级的历史使命及地位有了新的认识，并最终站在了无产阶级的立场上并转向了共产主义。也正是在这样的基础上马克思得以开始建立真正的哲学与经济学说，并基于此，逐渐创立辩证唯物主义与历史唯物主义，为剩余价值理论的提出打下了坚实的基础。正如马克思所料，《德法年鉴》第一期出版后，马克思与卢格在工人运动、共产主义革命等方面出现了不可调和的裂隙以致合作破裂，《德法年鉴》因此而夭折。到此为止，马克思先后与柏林的“自由人”、鲍威尔、卢格分道扬镳，青年黑格尔运动也到此完成了自身的历史使命而偃旗息鼓。

（三）《巴黎手稿》

从《德法年鉴》到被驱逐的这段时间，马克思把相当的精力都用在了撰写有关经济学和哲学的文章上面。并做了内容丰富的关于古典经济学、共产主义和黑格尔著作的笔记。这些文献以《巴黎手稿》为人所知。事实上，该手稿在马克思的有生之年未能出版，直到 1932 年才以《1844 年经济学哲学手稿》之名首次公开出版，并成为学界争论的焦点。

实际上，《巴黎手稿》所包括的内容十分广泛，各个部分之间的联系也不够紧密。但是《巴黎手稿》的核心内容来源于在巴黎时对亚当·斯密、詹姆斯·穆勒、大卫·李嘉图等古典政治经济学家作品的摘录、批注与反思。此外，马克思还受惠于自己同时代的法国和英国社会主义者（例如赫斯等人）。值得一提的是，马克思十分赞赏恩格斯于《德法年鉴》发表的《国民经济学批判大纲》，马克思称这篇文章为“天才的大纲”，对它的阅读也标志着马克思对政治经济学问题真正地产生了兴趣。此外，在马克思的《巴黎手稿》中处处显露着费尔巴哈人道主义的印记，正如马克思所宣称的，费尔巴哈的《关于哲学改造的临时纲要》与《未来哲学原理》是其理论建立与发展的基础。

对于《巴黎手稿》主要有两种观点：一种观点认为以《巴黎手稿》为代表的早期马克思的思想是真正的马克思主义思想，而其晚期思想则进一步实证化与教条化；另一种观点则认为以《巴黎手稿》为代表的早期马克思的思想是不成熟的，是黑格尔式的，而马克思后期的思想才是其真正马克思主义思想的体现。手稿虽然有部分遗失，但是保留下来的手稿的各个部分仍然可以构成马克思政治经济学批判的最初基础。

在第一手稿中，马克思对工资、利润、地租这三项资本主义社会中基本阶级（工人、资本家和地主）的三种收入进行了分析，批判了资产阶级的政治经济学，揭示了三个基本阶级之间利益的根本对立及其经济根源，对异化问题进行了思考。首先，马克思认为工资是工人阶级的敌人，工资决定于工人阶级与资产阶级的斗争，而在资本主义社会中，胜利必然属于资产阶级。此时，马克思在分析工资时，并没有把劳动与劳动力区分开来。接着，马克思分析了资本与利润，对私有财产的基本形式进行了考察，并指出劳动与资本、地租的结合深刻地改变着劳动者的状况。继而，马克思在对地租的分析中驳斥了斯密关于土地所有者的利益与整个社会利益一致的观点，他指出地租是由租佃者与土地所有者之间的斗争确定的，土地所有者与租佃者的利益是敌对的。

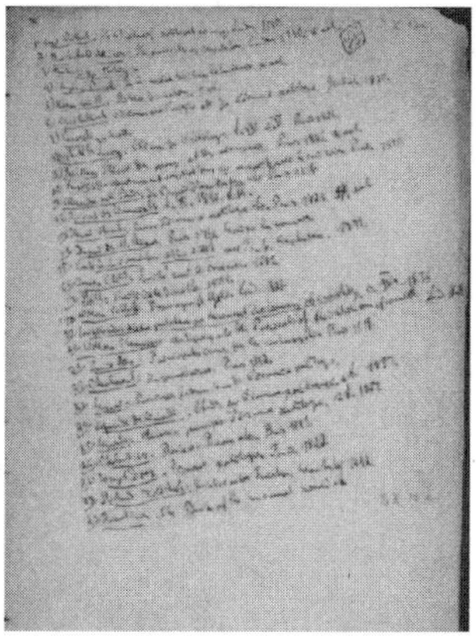
"第一手稿"（图片来源：荷兰阿姆斯特丹国际社会史研究所）

马克思在"第一手稿"中对异化劳动进行了分析，他认为劳动异化有四个基本形式。第一，劳动产品与工人相异化，劳动产品是由工人生产的，本应该属于他们所有。但是在资本主义社会，工人却不能占有他们自己生产的产品，他们生产的产品越多，能够占有的对象就越少。第二，劳动本身同劳动者相异化，在私有制条件下，劳动者并不能自由支配自己的劳动，劳动成为被迫的活动，而不是属于自己的主体性活动。第三，人与人的类本质相异化，人的类本质指的是所有人共同具有的本质，而人作为一种类存在物其类本质就是“自由自觉的活动”。人的这一类本质需要通过对象化活动来确证自己。然而在资本主义社会，异化劳动剥夺了生产者的对象化产品（即劳动产品），使人不能确证其类本质。与此同时，异化劳动又把劳动本身变成为外在于劳动者自身的活动，使人的自由自觉的活动变成一种仅仅只能维持自身生命的活动，这样就使得人的类本质便成为异己的本质。第四，劳动产品的异化、劳动的异化、人的类本质的异化必然导致人与人之间关系的异化。在资本主义社会，人与人之间关系异化的最直接表现就是无产阶级与资产阶级之间尖锐的阶级对立或阶级矛盾。

马克思在“第一手稿”中对异化劳动与私有制的分析具有重要的历史意义。总体来看，马克思认为私有财产与异化劳动是资本主义社会全面异化的主要根源。而要消除异化，就必须首先消除私有制，而这只能凭借革命来完成。对于异化劳动的分析为马克思批判资本主义私有制打下了基础，也为马克思日后发现剩余价值理论提供了契机。需要注意的是，马克思的异化劳动理论与黑格尔的绝对观念异化以及费尔巴哈的宗教异化论是根本不同的。

“第二手稿”是个残稿，仅存有4页。由于手稿的大部分遗失，为了解当时马克思的思想状况造成了巨大的困扰，使人们无法完整地解读马克思当时思想的发展脉络。目前，可以辨认的“第二手稿”主要论述了有关资本与劳动之间的关系。在这里，马克思立足于对英国古典政治经济学家对私有财产的分析，进而指出私有财产就是有关劳动、资本以及二者的相互关系。劳动与资本的对立关系会在资本主义社会中不断升级，当这种对立发展到极限便会导致整个私有财产关系的解体。

“第三手稿”是整个手稿的中心部分，影响力最大的就是马克思对其共产主义观的阐述。在手稿中，马克思认为共产主义就是人性的复归。在这里马克思对资本主义社会中人类的异化进行了积极的否定，最终实现他阐释的共产主义。马克思认为共产主义有自己独立的思想史，它的思想只能阶段性地发展。

马克思描述了其理想的共产主义。在这里，马克思认为“共产主义是私有财产即人的自我异化的积极的扬弃，因而是通过人并且为了人而对人的本质的真正占有；因此，它是人向自身、向社会的（即人的）人的复归，这种复归是完全的、自觉的而且保存了以往发展的全部财富的。这种共产主义，作为完成了的自然主义，等于人道主义，而作为完成了的人道主义，等于自然主义，它是人和自然界之间、人和人之间的矛盾的真正解决，是存在和本质、对象化和自我确证、自由和必然、个体和类之间的斗争的真正解决。它是历史之谜的解答，而且知道自己就是这种解答。”[①]这里可以明显看出费尔巴哈对马克思本人的影响。不过也同样可以明显地看出，此时马克思已经站在了唯物主义的立场上。

在“需要、生产和分工”一节里，马克思将需要分为人的需要和社会的需要，需要不仅是一个哲学范畴更是一个经济学范畴。马克思认为，人都有自己的需要并想方设法来满足自己的需要。但在资本主义条件下，一个人需要的满足往往是建立在另一个人需要被破坏的基础之上，是建立在牺牲他人的基础之上的。而资本家和工人，对于穷人与富人具有不同的意义。生产对劳动者来说是生命的本质，而对资本家来说则是一种假象，甚至可以理解为一种剥削工人的手段。关于分工，马克思还没有给出详细的阐述，他已经认识到分工是一个重要的经济范畴，并将分工视为人活动的异化或外化状态。马克思还谈论了人和社会的关系和人的社会性质，将人看作一个社会存在物。人不可能孤立地从事社会活动，即使与人接触较少的活动也是社会活动的一部分，因为人类在活动中所需要的材料（物质材料或精神材料）都是社会的产物，而且人的自身活动也是社会活动的一部分。在“货币”一节中，马克思已经认识到资本主义是商品经济发展的最高阶段，认识到商品货币关系是整个社会的最高“统治

① 《马克思恩格斯全集》第四十二卷，人民出版社 1979 年版，第 120 页。

者”，认识到货币是资本的基本表现形式。马克思曾如此来形容货币的无所不能。“它把坚贞变成背叛，把爱变成恨，把恨变成爱，把德行变成恶行，把恶行变成德行，把奴隶变成主人，把主人变成奴隶，把愚蠢变成明智，把明智变成愚蠢。”①

“第四手稿”仅有4页，是对黑格尔《精神现象学》的摘录，马克思试图紧紧抓住黑格尔的思想。也许这是马克思在对资产阶级与小资产阶级的批判当中，看到了他们在方法论上的局限性，从而在新的方面认识到黑格尔辩证法的重要性，因此转而对黑格尔的思想进行了再研究，这也可以被视为对黑格尔思想的再消化。马克思首先谈论了黑格尔与青年黑格尔派之间的态度分歧，将费尔巴哈视为青年黑格尔派中唯一有建设性思想的思想家，因为费尔巴哈对黑格尔的辩证法采取严肃的、批判的态度，并由此真正地克服了旧哲学。

在该部分，马克思以长篇幅文字论述了黑格尔的基本错误，并指出黑格尔的基本错误主要体现在《精神现象学》中。虽然，马克思此时对黑格尔的概念和术语了熟于胸，但他并没有局限于对黑格尔术语的批判上。马克思一直保持着对黑格尔的尊敬之情，认为黑格尔的辩证法是引领人们正确认识世界的重要工具。

这部手稿在西方学界引起了热烈讨论，西方马克思主义的早期创始人卢卡奇、柯尔施、葛兰西等人甚至将其视为马克思的巅峰之作。当然，该手稿在马克思的有生之年并不为人所知，直到1932年才整理出版，直到第二次世界大战之后才引起广泛地关注。《巴黎手稿》在出版后成为马克思主义研究界最具有争议性的文本。有观点认为《巴黎手稿》不过是马克思不成熟时期的不成熟的著作，另一种观点（例如，卢卡奇等西方马克思主义者）则认为《巴黎手稿》是马克思最重要的著作。西方马克思主义者（例如，阿尔都塞等）还制造了“两个马克思的对立”（早期的马克思主义以人道主义的异化理论为基础，是人道主义的马克思主义；晚期的马克思

① 《马克思恩格斯全集》第三卷，人民出版社2002年版，第364页。

主义以对政治经济学的分析为基础，是科学主义的马克思主义）。20 世纪 80 年代，我国学界也曾就“异化和人道主义”问题进行了激烈的辩论，也算是一个不小的理论事件。

在撰写《巴黎手稿》的过程中，马克思进一步明晰了自己的理念，并有了更为清楚的学术计划。在这部手稿中，马克思并没有提供确定的结论（从同时涉及经济学、哲学、逻辑学、辩证法等方面的不连贯作品中得出结论也是不切实际的）。虽然手稿的各个部分是彼此分离的，但是其基本精神和风格又是如此地相似。马克思主义的三个组成部分，即政治经济学、哲学和科学社会主义也第一次在这里有了基本雏形。在《巴黎手稿》的末尾，马克思用一段话囊括了他的想法。他宣布用费尔巴哈版本的黑格尔哲学来撰写一系列短篇文章来批判公正、道德和哲学，并以一篇关于政治经济学的短文展开了自己的批判。1845 年年初，马克思与左翼出版人签署了写作《政治经济学批判》的合同。从经济学入手批判 19 世纪中叶欧洲资本主义与资产阶级的各个方面，这个计划成为马克思终身的追求。马克思的政治经济学研究主要集中于 19 世纪 50—60 年代（他定居英国期间），以《资本论》的出版为标志。从某种意义上讲，《巴黎手稿》的写作为《资本论》的写作打下了基础。

（四）马克思与恩格斯的友谊

《德法年鉴》停刊后，马克思继续活动在原来的社交圈里，并继续与留在法国的德国知识分子保持密切的联系。在与卢格关系破裂一事上，马克思也获得了部分人的支持。此时，马克思还积极地与流亡法国的各国激进主义者接触，并首次接触俄国的无政府主义者哈依尔·巴枯宁。两者曾经建立了深厚的友谊，但若干年后两人成为了死敌。马克思还同德国手工业者地下社团进行了联系。1844 年，双周刊德语报纸《前进报》开始在巴黎发行。当年春天，地下社团的领导和包括马克思在内的左翼知识分子开始把控报纸的采编方针。马克思希望将该报纸变为另一个《德法年鉴》，并积极推进该报纸向社会主义倾向发展。基于此，他在《前进报》上就西里西亚纺织工人起义一事展开讨论，并借此阐发自己有关无产阶级政治载体的观点。

在有关西里西亚文章发表的几周后，马克思与恩格斯首次见面，而这次会面也注定将开始两人持续一生的合作。这种合作既体现在政治上又体现在生活中。这种合作具有历史性意义，正是两人合作的思想结晶，才得以引领世界无产阶级运动的不断发展。人们可能惊讶于两个在性格、出身等方面完全不同的人是如何实现这般完美结合的？我们可以很容易地通过简单的身份标签来区分两个人的不同：马克思的标签是“律师家庭、矮且黝黑、思维抽象、入不敷出、犹太背景”；恩格斯的标签是“商人家庭、又高又胖、思维严谨、善于赚钱、新教徒”。正是出于相同的目标和信仰，两人努力克服种种差异，彼此融合相抵触的个性，使两人得以成为共产主义史上的思想导师。

青年恩格斯

（图片来源：谷歌图片）

但是，马克思与恩格斯之间的合作刚开始并不是人们所想象的一帆风顺。事实上，两人初识时在个性和政治观点上存在着诸多分歧。有关马克思与恩格斯初次相识的记录很少，两位当事人回想这段经历的文字也很少，或许他们认为这对他们来说完全不重要。在马克思去世后，马克思的女儿们销毁了他最初批评过恩格斯的信件。不过，还是有幸存的信件于20世纪末在MEGA2（即新版“马克思恩格斯著作历史考证版”）中现身。据记载，两个人在初次会晤后的数年中，在相当长的时间内都是独自行事，交往并不密切。直至19世纪50年代，马克思和恩格斯在英国避难时两人的关系才开始密切并逐渐达到牢不可破。

恩格斯比马克思小两岁，出生于1820年11月28日，是巴门市（现为伍伯塔尔市）有名的纺织工厂主老弗里德里希的长子。恩格斯的曾祖父建立了一个经营花边的工厂，恩格斯的父亲则继续扩大经营规模增加投资，在曼彻斯特和巴门建立了更大的纺纱厂。恩格斯的母亲来自于教师家庭，家庭成员任职于荷兰语学校。恩格斯从小就学习成绩优异，但为了获得实践经验，他没毕业便进入了父亲的工厂。在阅读了青年黑格尔派的著作之后，年轻的恩格斯产生了信任危机，从虔诚的宗教信仰者转变为无宗教信仰者。因为恩格斯出生于虔诚的宗教家庭，恩格斯的宗教转变则意味着与自己的家庭作痛苦的决裂，尤其是与他的父亲。

青年马克思
（图片来源：人民网）

1842 年恩格斯加入普鲁士军队服兵役，在首都郊区的兵营做了一名炮手。在一年兵役结束后，他的父亲把他送到了曼彻斯特的分厂去工作以锻炼他的经商本领。曼彻斯特的生活让恩格斯更加地激进，而且增强了他对共产主义者的同情心。当时的曼彻斯特号称“棉都”，是全球工业革命的榜样和中心。这里，庞大的工业规模产生了巨额的财富，但也引起了巨大的痛苦。资本家的富裕生活与工人们食不果腹的悲惨生活形成了鲜明的对比。闲暇之余，恩格斯与反对社会现行制度的人士进行交流，深入体验工人阶级的生活滋味，并撰写了《英国工人阶级状况》来书写社会制度的不公平以及工人阶级的悲惨生活。

《马克思恩格斯全集》历史考证版各卷
（图片来源：维基百科）

恩格斯 1844 年 8 月底回德国，途径巴黎，与马克思进行了对于两人来说都十分重要的会面。会面地点是一间颇为著名的咖啡屋（伏尔泰、本杰明·富兰克林、狄德罗、拿破仑都曾是它的顾客）。两人此次会面相当成功，在接下来的10天中两人一直呆在瓦诺街。在恩格斯生命的最后时间，他回顾了当时与马克思见面的场景，并认为当时他们两人对很多理论问题的看法完全一致，从此他们便开始了一生的合作和友谊。换一个角度看，马克思与恩格斯的生命轨迹此时有了更多的相似之处，他们都来自于安逸的中产阶级家庭，都由青年黑格尔主义者转变为共产主义者，这使得两人有足够的经历形成长久的友谊。

然而，他们具备的不同特质又反过来使这友谊更加牢不可破。马克思的优势在于其抽象思维的能力，他对黑格尔辩证法的批判分析，使他得以形成自己独特的辩证法思想。而恩格斯则更善于获得实践经验，他以专职商人的身份进行考察，具有清晰、快捷的写作文风。两人的优势互相补充，大大推进了两人思想的不断发展。在两人相处的十天当中，他们决定用小册子对布鲁诺·鲍威尔以及他那种以生活方式为导向的激进主义做最后的清算，以公开他们新近的共同观点。他们的合作并不是纯学术性的。两人每天都会去伏尔泰堤道的一间酒吧。在那里，他们与流亡于巴黎的德国激进分子以及别国的民族激进分子进行会面和交谈。

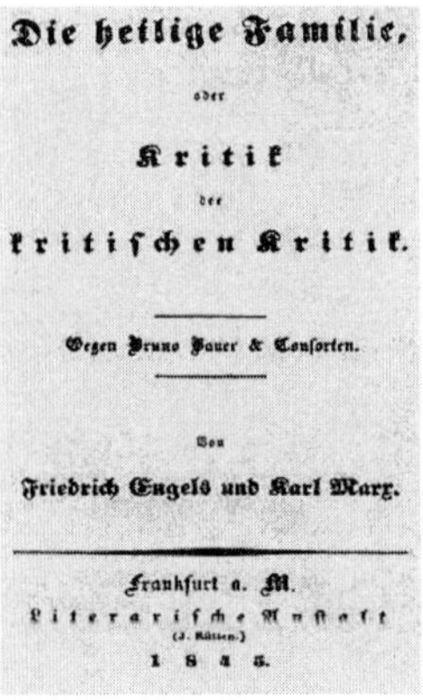
Die heilige Familie,
oder
Kritik
der
kritischen Kritik.
Gegen Bruno Bauer & Consorten.
Von
Friedrich Engels und Karl Marx.
Frankfurt a. M.
Literarische Anstalt
(J. Rütten.)
1845.

《神圣家族》
（图片来源：维基百科）

马克思、恩格斯会晤后合写的第一部著作是《神圣家族》，其副标题为“对批判的批判所做的批判”（根据2017年公映的德国电影《青年马克思》的观点，这个副标题的取名来自燕妮的灵感）。该书着重讨论历史观，这是由当时工人运动的实践活动与青年黑格尔派所宣传的英雄史观的矛盾引起的。马克思和恩格斯开始创立自己历史理论时恰恰是西欧工人运动的高涨期，迫切需要科学理论的指导。而在德国颇具影响力的青年黑格尔派却竭力宣传一种唯心史观，他们极力抬高“自我意识”的创造能力，贬低物质的作用，打击工人运动，污蔑工人是非批判的“吃瓜群众”。

通过对理论的不断探索，马克思与恩格斯逐渐形成了与青年黑格尔派针锋相对的观点。他们指出，青年黑格尔派在实践上最大的危害就是将一切外部的感性斗争变成了纯粹观念的斗争。《神圣家族》分为九章（序言除外），该书全面批判了青年黑格尔派的观点，在唯物史观的构建中具有极为重要的作用，虽然《神圣家族》刚出版时几乎无人问津。

（五）《关于费尔巴哈的提纲》与《德意志意识形态》

1845 年 1 月 25 日，马克思被法国政府下令驱离，在这之前《神圣家族》还未出版。在其崇拜者亨利希·毕尔格尔斯的陪同下，他于 2 月 2 日离开巴黎前往布鲁塞尔。和关停《莱茵报》时的情境不同，此时的普鲁士政府已经将马克思视为最重要的国家敌人。官方已经下令，一旦马克思踏上普鲁士的领土便将其逮捕。在流亡的日子里，马克思辗转欧洲多国继续其政治与学术活动，并逐渐将反对普鲁士王国的誓言与共产主义的志向相结合。

从 1842 年离开柏林大学到 1849 年以难民的身份抵达伦敦，马克思在布鲁塞尔停留的时间最为长久。刚开始，马克思在获取居住证方面遇到了麻烦，在写下一份放弃所有政治活动的保证书后，他才被允许居住下来。布鲁塞尔是 1830 年刚刚独立的比利时的首都，从很多方面来讲这都是一个相对偏僻的城市。这里有着充分的言论自由，可以充分听到自由派的反对声音，甚至看起来像欧洲政治流亡者的避风港，而资料丰富的皇家图书馆则非常适合马克思研究哲学和政治经济学。在布鲁塞尔，马克思学习革命的相关知识，使其有足够的准备来应对 1848—1849 年的政治革命。

在马克思离开巴黎前往布鲁塞尔的那一天，他就与进步出版商列斯凯签订了撰写《政治经济学批判》著作的协议，继续探讨《黑格尔法哲学批判》和《论犹太人问题》的相关

19 世纪 40 年代的布鲁塞尔
（图片来源：谷歌图片）

问题，并定于 1845 年夏天完成。从当前看来，在此期间马克思保留下来的唯一著述是《关于费尔巴哈的提纲》（简称《提纲》），它于 1845 年春天完稿，被恩格斯称为“包含新世界观天才萌芽的第一个文件”。事实上，《提纲》仅仅是马克思记录自己思想的一个笔记。起初，马克思并不打算将其发表，后来恩格斯找到了它，并于 1888 年将其作为自己拟发表的著作《路德维希·费尔巴哈和德国古典哲学的终结》的附录部分。当然为了读者易于阅读，恩格斯做了一些修改。这也使得《提纲》有两个版本：马克思的原本（即 1845 年版）和恩格斯的改本（即 1888 年稿本）。

从 19 世纪 40 年代初马克思首次阅读费尔巴哈著作开始，就对其持批判态度。即便是赞扬费尔巴哈（如在《巴黎手稿》中），那也都仅仅是赞扬费尔巴哈“真正的人道主义”。而此时由于对经济学的关注与研究，马克思逐渐地从静止的和非历史的立场中脱离开来，不再是紧跟着费尔巴哈的学生了。《提纲》共十一条，字数不满 1500 字，但却在马克思主义思想史中具有重要的意义。在《提纲》中，马克思称自己的唯物主义为“新唯物主义”（见《提纲》第十一条）。而对于马克思唯物主义新颖之处的讨论则成为整个提纲的主题。在《提纲》中，“实践”是最重要的概念，文中所有的论述都是对实践的阐明，这使得《提纲》的每一条都是互相联系的。尽管《提纲》思想深邃、内容精炼，但它毕竟不是计划要发表的著作，而是设想中一部更加宏大完整的著作的纲要。凡是在这里以格言形式表述的内容，在另一部著作中都有更加彻底、完整地阐述，这便是马克思与恩格斯合著的第二部著作《德意志意识形态》（以下简称《形态》，该著作写于 1845 年秋至 1846 年 5 月）。

马克思初到布鲁塞尔的活动，除了总结与发展其思想外，还着手写作其2卷本《政治经济学批判》，以履行他在离开巴黎前与出版商列斯凯签订的出版合同。当时，马克思准备在《政治经济学批判》的第一卷里完成对经济学理论的论述，在第二卷里完成历史问题的论述。为了研究英国的政治经济学文献，并利用英国的经济和政治现实来完善自己的观点，马克思于7月中旬同恩格斯到伦敦和曼彻斯特旅游数周。他们在曼彻斯特花了大部分时间阅读配第、图克等经济学家的著作，并结识了英国一些社会主义者和工人运动的领袖。直到8月24日，两人才返回布鲁塞尔。在研究和写作政治经济学著作的过程中，马克思的政治经济学理论观点及哲学观点得以逐渐形成。也正是在对政治经济学的研究过程中，马克思也越来越清晰地认识到只有首先批评科学方法论的基础（即哲学与世界观的基础），才能对经济理论进行彻底批判。换言之，要对政治经济学进行批判，就必须首先对流行的哲学和社会学说进行彻底批判。

然而，一从英国回来，马克思便终止了对政治经济学的研究，转而对青年黑格尔派哲学家提出明确地批判，并继续他对德国哲学的批判。于是，马克思与恩格斯第二部合著《德意志意识形态》诞生。《形态》是一部篇幅巨大、体系复杂的著作。全书共分为两卷五章，最后附有恩格斯补写的"真正的社会主义者"一节。马克思与恩格斯用了近半年的时间来写作，到1846年4月书稿基本完成。但直到20世纪30年代（1932年）才以手稿原文的形式全部问世（由苏联马克思恩格斯研究院整理出版）。对一般读者而言，《形态》手稿给他们带来了阅读上的困难。有鉴于此，出版者在发行前需对其进行编排，这就造成了不同编排版本的印行问题，并至今依然是国际学界的一大讨论热点和难点。

《形态》中最重要的部分便是对费尔巴哈的批判，这也预示着费尔巴哈偶像形象的坍塌。马克思、恩格斯在作品中对费尔巴哈的批判主要集中于他的唯心主义历史观和形而上学唯心主义上。他们看到了费尔巴哈理论在社会历史领域的局限性，并指出费尔巴哈不是一个完整的历史唯物主义者。由于历史与唯物主义在费尔巴哈那里是完全分离的，所以他运用抽象的方法来考察人，从自然生物学的角度来考察人的本质，所以，在他视野中的人永远是抽象的人，而非具体的人。不仅如此，费尔巴哈还忽视政治和阶级斗争，认识不到现存的人与人之间的社会关系，将人看作独立于社会群体而离群索居的单独个人，忽视了人类在生产与交往中必定与他人发生的社会关系与政治关系。马克思、恩格斯指出，不应该仅仅在哲学领域对人进行考察，而应当将人放到具体的、历史的社会生活条件中进行考察。据此，一切人都在一定的生产与生活条件中发展，而人的本质也因此是一切社会关系的总和，而非费尔巴哈所认为的单个人所固有的抽象物。

紧接着，马克思、恩格斯继续对青年黑格尔派进行了批判，他们认为虽然青年黑格尔派满口喊的是震撼世界的口号，而实为最大的保守主义者；青年黑格尔派仅仅为抽象的词句而斗争，而不为真实的生存世界而抗争。在作品中，马克思、恩格斯对青年黑格尔派中最具有代表性的两个人物布鲁诺·鲍威尔和麦克斯·施蒂纳进行批判。对于布鲁诺，马克思、恩格斯主要批判他将理论批判看得高于一切、蔑视群众斗争的不切实际的做法。不过，由于在《神圣家族》中，已经对布鲁诺的思想进行了详细的叙述，这里仅对其思想进行了简单的叙述和批评，驳斥了其对费尔巴哈的攻击。批判的火力集中于施蒂纳的理论，在《形态》中，关于施蒂纳部分的阐述比其他所有部分加起来还要多得多，主要针对其出版的《唯一者及其所有物》一书。在该书中，黑格尔思想中的精华被废弃殆尽，而其思想糟粕则完全保留，从而沦落为一个庸俗版的德国古典哲学。马克思、恩格斯主要批评了布鲁诺的历史唯心主义世界观，重点指出了他的极端个人主义与无政府主义及其在两者基础上对历史随心所欲的编造。马克思、恩格斯指出，布鲁诺充其量只是一名小资产阶级利益的维护者而已。

在《形态》的第二卷中，马克思、恩格斯对“真正的社会主义”进行了批判。所谓“真正的社会主义”是资产阶级社会主义的一个变种，它于1844年起在德国开始传播，主要代表人物有赫斯、格律恩等人，其主要理论特点是将黑格尔、费尔巴哈的哲学同当时流行的空想社会主义思想进行结合，并大力宣扬通过“人性”和“人道主义”来实现世界的解放，反对通过阶级斗争与社会革命来实现人类的解放，这使得他们的社会主义理论逐渐变得抽象并脱离实际。马克思、恩格斯对“真正的社会主义者”的批判主要集中于三篇评论文章当中：第一篇文章批判了一篇匿名文章，该文章鼓吹德国费尔巴哈和赫斯的哲学社会主义；第二篇文章批判了格律恩，他是费尔巴哈的学生和马克思曾经的朋友；第三篇文章评论了库尔曼博士，指出他不是一个真正的社会主义者，而是一名弥赛亚式共产主义的瑞士传教士。但是，对于“真正的社会主义”的批判是一项长期复杂的工作。而就当时的认识水平来讲，马克思、恩格斯还不能够对他们进行完全、彻底的批判。因为，同马克思、恩格斯的理论一样，“真正的社会主义者”的理论也是从黑格尔与费尔巴哈的理论当中发展出来的，这也难怪乎马克思、恩格斯的理论在当时也被一些人视为“真正的社会主义”理论。

《形态》在马克思主义发展史上具有重要的地位，它不仅澄清马克思、恩格斯与费尔巴哈、青年黑格尔派以及“真正的”社会主义者之间的理论分歧，还第一次全面系统地阐述了唯物主义历史观的基本原理。在《形态》中，马克思与恩格斯以阐述自己见解的方式对论敌进行了批判。值得注意的是，马克思、恩格斯认为他们的新见解与整个德国思想传统之间有一个明确的界限，而在《形态》中他们也主要寻求阐明他们见解与德国哲学意识形态见解之间的对立。唯物史观基本原理的发现在马克思、恩格斯思想发展史上意义重大，该发现也标志着马克思主义哲学学说的基本形成。

马克思与恩格斯在《形态》中已经树立了先进的世界观，系统地阐述了他们与青年黑格尔派以及与当时德国社会主义者的根本区别，成为了一名坚定的共产主义者。现在他们开始将自己的理论推向形形色色的左翼社会团体，以从整体上将欧洲无产阶级特别是德国无产阶级争取过来。

（六）与魏特林、蒲鲁东的论战

1846年年初，马克思、恩格斯决定通过成立共产主义通讯委员会来组建一个横跨欧洲的共产主义者网络，将中央办公室设在布鲁塞尔。通过该委员会他们可以向外传播共产主义的相关理论，而欧洲大陆各处的通讯员也可以汇报本地活动的相关情况。这个委员会是所有后来国际共产主义组织的雏形，而以后的共产主义同盟是马克思第一次政治实践的尝试。

但是，通讯委员会的组建与发展并不成功，似乎仅仅是马克思在自己的圈子里进行努力。德国的共产主义者偶尔会有响应，但他们提交的报告却总不令人满意，资金匮乏、支持者缺乏等问题困扰着通讯委员会的正常运行。委员会经常讨论的有关各国共产主义的宣传问题，但在实际工作中明显存在着委员会内部思想理论观点不一致的问题。因此，要想委员会卓有成效地发挥作用，并高效地与工人运动相结合，就必须首先取得理论上的一致。而马克思在通讯委员会内部遇到的强劲理论对手便是在当时社会运动中颇具影响力的魏特林的空想社会主义和蒲鲁东的理论思想。

起初，马克思对魏特林颇有好感，热情肯定过他在发展社会主义思想方面的出色功绩，并曾将魏特林于1842年出版的《和谐与自由的保证》称为“德国工人史无前例、光辉灿烂的处女作”。但在1845年，他的传教士的风格、宗教性的术语、马上革命的要求、巴贝夫独裁式的建议使得这位社会主义理论家开始逐渐地与在伦敦的德国共产主义者相疏远。1846年魏特林在布鲁塞尔受到了马克思的热情招待，但是大家很快便发现，要达成理论上的一致几乎是异想天开。魏特林的理论错误主要在于他混淆了一般受压迫群众与无产阶级间的区别，看不到无产阶级是新社会的创造者，而将流氓无产者视为社会运动中最具革命性的分子。总体上看，魏特林反对无产阶级革命，反对建立无产阶级政党，逐渐堕落为一个极具宗教色彩的平均共产主义者。马克思与魏特林的公开冲突集中发生在1846年3月30日的通讯委员会会议上，随着两人矛盾的不断加剧，1847年魏特林应邀访美，从此便从欧洲大陆上消失了。

在与魏特林的空想社会主义斗争告一段落后，马克思与蒲鲁东的斗争又开始了。蒲鲁东是19世纪40年代知名的法国社会主义理论家（现今多被视为无政府主义者），其“财产即偷窃”的言论使其成为当时家喻户晓的人物。准确说来，马克思在发表《神圣家族》和《德意志意识形态》前还是蒲鲁东思想的坚定拥护者。1846年5月初，马克思写信邀请蒲鲁东担任共产主义通讯委员会驻巴黎通讯员，并请他参加关于社会主义工人运动理论与政策的讨论。但是，邀请被蒲鲁东坚决地拒绝了，蒲鲁东声称自己反对通过社会革命的方式来改造现存社会及实现共产主义。但是，随着马克思在思想方面的不断成熟，逐渐认清了蒲鲁东的言行是出于对私有制的维护，这将马克思推到了蒲鲁东的对立面，两人从此由同路人变为了相互斗争者。与此同时，蒲鲁东的《经济矛盾的体系或贫困的哲学》一书恰好刚刚出版，该书将黑格尔的哲学应用于对政治经济学原理的解释中，这促使马克思下定决心对蒲鲁东的思想进行全面批判，并系统、公开地阐述历史唯物主义原理。

这样，就产生了马克思生前的个人公开出版物中的第一部以书的形式出现的著述《哲学的贫困——答蒲鲁东先生的〈贫困的哲学〉》，这也使得马克思主义学说以精炼的表述首次问世。在作品中，马克思讽刺性地反写了蒲鲁东的标题，用来嘲笑其研究结果的矛盾之处，表明蒲鲁东既不了解政治经济学，也不了解黑格尔。《哲学的贫困》从结构上分为两个部分，主要致力于批判述蒲鲁东对“工资平等”的社会主义所做的经济学论证甚至都未达到李嘉图经济学理论的水平；并试图用自己的历史唯物主义原理来分析批判蒲鲁东经济学原理的哲学基础。

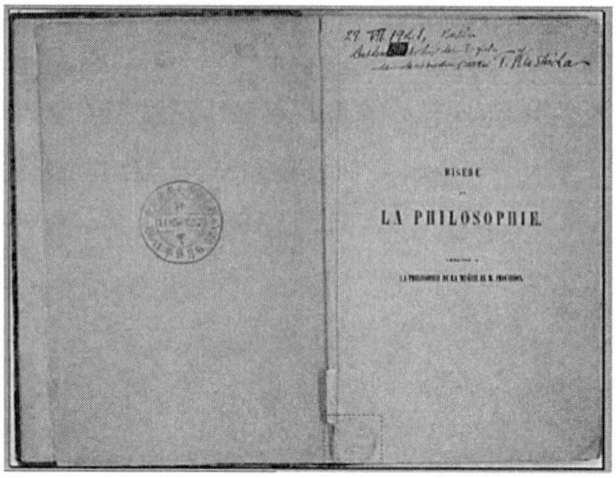

《哲学的贫困》
（图片来源：谷歌图片）

《哲学的贫困》由此成为马克思历史唯物主义相关原理的第一次公开、系统的表述。虽然，《哲学的贫困》并不是马克思自1845年以来就计划写作的政治经济学著作，但却是马克思经济学概念的第一次公开现身。马克思的重要经济学概念，诸如使用价值、交换价值、生产方式等也包含在内。需要注意的是，《哲学的贫困》与马克思的其他作品存在着根本不同，该书是用法文写作而成。尽管，这部小册子当时在巴黎和布鲁塞尔都出版了，但是总共也仅仅付印了800本，所以它在当时并未引起任何波澜，也正因此马克思不得不自己支付了出版的费用。论战对手蒲鲁东也对这部小册子进行了攻击和谩骂，马克思本打算对蒲鲁东的攻击作进一步地驳斥，但无奈因家庭琐事和1848年革命而搁置。因此，《哲学的贫困》也标志着马克思与蒲鲁东论战的最高峰。正如《神圣家族》将《1844年经济学哲学手稿》中复杂、隐晦的概念用概括的语言表达出来一样，《哲学的贫困》也可以视为将《德意志意识形态》中有关费尔巴哈未出版的那一章用更简洁明了的语言表达出来了。

（七）共产主义者同盟

通讯委员会最重要的成果就是在马克思、恩格斯与伦敦共产主义者之间建立起了密切的联系。伦敦共产主义者是当时德国工人最大的、组织得最好的团体，在19世纪30年代前期活动的中心一直在巴黎。1836年被流放到巴黎的德国共产主义者创立了正义者同盟，该组织由早先建立的流亡者同盟（该同盟是于1834年在法国巴黎成立的一个秘密组织）发展而来，其成员主要是侨居伦敦和巴黎的德国无产阶级化的手工业工人，其目标是将“人权”与“市民”引入德国。1846年11月，正义者同盟中央委员会由巴黎搬迁到了伦敦，同盟拒绝了卡贝和魏特林的共产主义，并积极寻求更坚实的理论基础。

1847年1月，同盟派代表去布鲁塞尔寻求马克思的帮助，并邀请他加入同盟。同年6月，正义者同盟第一次代表大会在伦敦召开，马克思因经济问题未能参加。这次大会基本是在恩格斯的领导下进行的，其中心议题是讨论和制定一个新的章程。组织名称也按照恩格斯的提议改名为“共产主义者同盟”，并启用新的战斗口号“全世界无产者，联合起来”。受大会委托，恩格斯还为同盟撰写了一份问答形式的纲领草案，题为《共产主义原理》，它由25个问答组成。在1847年11月的共产主义者同盟第二次代表大会上，同盟委托马克思、恩格斯以宣言形式拟定纲领。1848年1月底，马克思和恩格斯在《共产主义原理》的基础上，立足于唯物史观的基本原理，创作了具有划时代意义的《共产党宣言》（以下简称《宣言》），该著作于同年2月在伦敦正式发表，并很快被译成多国文字。在《宣言》中，马克思和恩格斯科学、系统地阐述了共产主义的新世界观。

马克思和恩格斯在这里撰写了《共产党宣言》（新华社记者叶平凡摄）

《共产党宣言》由正文和7篇序言构成。其中，前2篇序言由马克思与恩格斯共同署名，后5篇在马克思逝世之后，由恩格斯单独署名。序言回顾了《宣言》的缘起及发行情况，根据无产阶级革命的实际经验对一些具体结论进行了调整。正文由4个部分组成：“一、资产者和无产者”，该部分叙述了中世纪以来阶级社会的历史，预言了无产阶级对当前统治阶级的胜利；“二、无产者和共产党人”，该部分对共产党在无产阶级中的地位、共产主义革命的特点、无产阶级取得胜利的措施以及未来共产主义社会的性质进行了阐述，并反驳了资产阶级对无产阶级的批评；“三、社会主义和共产主义的文献”，该部分对保守的、资产阶级的和空想的共产主义进行了批判；“四、共产党人对各种反对党派的态度”，该部分简要叙述了共产党人对其他党派所应采取的态度，并呼吁全世界无产者联合起来。

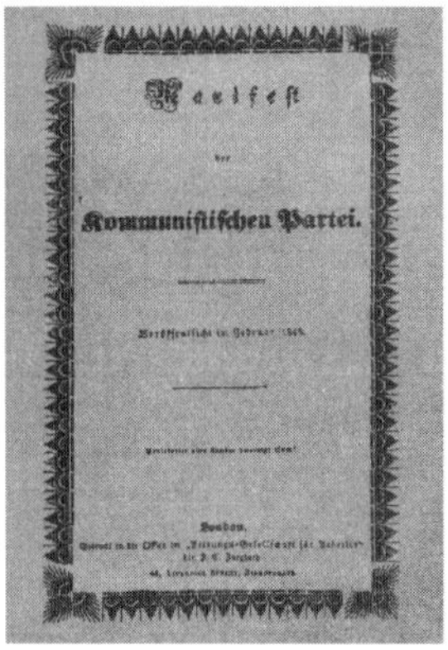

《共产党宣言》德文第一版
（图片来源：谷歌图片）

《宣言》虽篇幅不长，但却内容丰富。它自始至终都贯穿着一个重要思想，即唯物主义历史观。恩格斯日后屡次强调并对这个思想进行了高度概括：“每一历史时代主要的经济生产方式和交换方式以及必然由此产生的社会结构，是该时代政治的和精神的历史所赖以确立的基础，并且只有从这一基础出发，这一历史才能得到说明；因此人类的全部历史（从土地公有的原始氏族社会解体以来）都是阶级斗争的历史，即剥削阶级和被剥削阶级之间、统治阶级和被压迫阶级之间斗争的历史；这个阶级斗争的历史包括有一系列发展阶段，现在已经达到这样一个阶段，即被剥削被压迫的阶级（无产阶级），如果不同时使整个社会一劳永逸地摆脱一切剥削、压迫以及阶级差别和阶级斗争，就不能使自己从进行剥削和统治的那个阶级（资产阶级）的奴役下解放出来。”① 这一思想贯穿全文，是《共产党宣言》的哲学基础。

在马克思主义发展史与共产主义运动史上，《宣言》有着特别突出的重要地位。它不仅仅标志着马克思主义哲学理论的成熟，还成功地将马克思主义哲学、政治经济学与科学社会主义原理融为一体，是马克思与恩格斯长期进行革命理论探索与斗争实践的结晶。在标志着马克思主义科学理论成功

① 《马克思恩格斯选集》第一卷，人民出版社 2012 年版，第 385 页。

问世的同时，还标志着工人运动与社会主义运动的成功结合。至此，有了科学理论的指导，工人阶级开始由自在阶级上升为自为阶级，国际工人运动也开始由自在的运动变为自为的运动。有鉴于此，《宣言》不仅是马克思主义史上杰出的理论文献，而且必将成为无产阶级革命实践的伟大纲领。

（八）1848 年革命时期

1848—1849 年，革命运动席卷整个欧洲。革命的枪声最先在瑞士打响，瑞士激进派在 1847 年内战中获得胜利。之后，意大利南部于 1848 年年初发生暴动，那不勒斯波旁王朝国王斐迪南被推翻，那不勒斯、都灵以及佛罗伦萨都宣布成立共和政体。2 月底，法国君主制被推翻，国王被流放，共和国在巴黎宣告成立，暴乱在巴黎不断发生，并逐渐扩散到整个欧洲大陆。巴黎革命的消息很快便传到了布鲁塞尔，这给比利时政府带来了巨大的压力，因为法国革命军很可能入侵比利时，比利时的激进分子也很可能效仿而发动起义。比利时政府对快速发展壮大的布鲁塞尔民主协会非常担心，而马克思恰好是该协会的副主席，积极活跃在政治领域。而在 2 月底，马克思恰好从母亲那里继承了 6000 法郎，比利时警察诬陷这是为暴动购买武器的资金，准备将马克思逐出比利时。3 月 3 日，马克思收到了由国王签署的命令，限他 24 小时内离开比利时。

在离开的前一个晚上，共产主义者同盟中央委员会在布索瓦尼的一家旅馆召开了会议，决定将中央委员会地址迁移到巴黎，并赋予马克思处理同盟一切事务的权利。凌晨一点，警察冲进了马克思的公寓，并将其逮捕入狱。得知丈夫被捕，焦急的燕妮立刻去寻求比利时民主协会主席若兰特先生的帮助，结果她也被警察逮捕了。第二天两人都被释放了，然而 24 小时的期限已到，他们不得不放弃所有家当，带上孩子立即离开比利时。比利时政府的行径引起了群众强烈的抗议，参与的警察也被解雇了。由于铁路交通的一度中断，经过一天艰难的旅途，马克思全家终于顺利地到达了法国巴黎。

马克思在4月初离开巴黎，旅行到美因兹短暂停留数日。4月10日马克思到达科隆，住在该城市的北部。科隆是普鲁士的第三大城市，接近10万人居住于此，工业发达，也因法律自由而闻名。这一时期，马克思的主要精力放在了从德国革命爆发以来就萌发的一个想法：创建一份具有影响力的激进报纸《新莱茵报》，作为其在1842—1843年曾呕心沥血编辑过报纸（即《莱茵报》）的续刊。创刊伊始，该报纸就被定位为一份不含任何地方性内容的国家报刊，并呼吁建立一个革命的德意志共和国。在创立初期，报纸的大部分文章都由恩格斯撰写，这些文章紧随英国和法国的形势发展，而马克思则将主要的精力集中于国内的形势进展。总体上来看，该报纸颇具现实性和时政讽刺性，而非纯粹追求理论深度。

起初回德国科隆，马克思是怀着高度的革命热情来的，即期待在此能上演法国所经历的革命。但是当他到达这座城市几周后，便发现自己的设想是不可能成为现实的。德国的革命都是具有较小震撼力的局部革命，德国的独裁者对军队和政府具有牢固的控制权，原定由美因茨共产主义者同盟领导的工人联合会也一直没有组建成功，所有这些因素都使得德国爆发革命的可能性微乎其微。

19世纪中叶的科隆（图片来源：搜狐网）

面对这样的形势，《新莱茵报》将“建立一个统一、民主、不可分割的德意志民主共和国”和“进行一场反对俄国的革命战争”作为其两条主要纲领。《新莱茵报》的副标题是“民主派机关报”。《新莱茵报》并未倡导建立社会主义共和国或纯粹的工人阶级共和国，马克思认为当前工人阶级的主要任务是支持资产阶级激进派，帮助他们首先取得资产阶级革命的胜利，这也符合号召莱茵区的居民推翻普鲁士权威统治的追求。从报刊创刊到出版最后一期，“反对俄国的革命战争”一直是它关注的重要内容。因为，俄国是神圣同盟的中坚力量，如果在革命中不被粉碎，就会反过来破坏革命运动。

鉴于马克思在德国社会运动的广泛影响力及其对普鲁士权威政府的坚决反对，当局一直等待合适的机会将其驱逐。科隆军方在1849年3月份就向警方提交了驱逐马克思的申请，科隆市政当局认为在没有充足理由的情况下对马克思进行驱逐会引起公愤而对驱逐申请予以否决。同年5月，内政部收到一份有关马克思参与一项预谋暴行的相关报告，这给当局提供了极佳的借口。因此，当5月4日马克思一回到科隆，当局便向其下了驱逐令，并给他发了只能前往巴黎的护照。16日，当局勒令马克思24小时内离开普鲁士。

主编被驱逐也意味着《新莱茵报》的生命行将终止，报社的其他编辑也不断遭到驱逐和迫害。1849年5月19日，该报用代表革命的红色字体发行了最后一期。这期报纸极受欢迎，发行了2万份，而且价格也涨到了平时的十倍。甚至传闻有人将报纸放入价值不菲的框架，以备珍藏。最后一期报纸还刊登了编辑部给科隆工人的话，提醒他们不要进行任何叛乱，在报刊的结尾还号召解放工人阶级，并预测未来会出现暴力革命并发生与俄国沙皇的战争。同日，马克思全家、恩格斯以及其他政治盟友离开了科隆。之后，马克思曾先后辗转法兰克福、巴登、巴黎等地。尽管马克思不知道将来会身在何处，但毫无疑问地是流亡已经成为了他的人生宿命。1849年8月，马克思乘船去了英国，而在那里他将开启新的人生篇章。

二、似曾相识燕归来：马克思思想在法国的传播与接受

马克思的思想形成并逐渐成熟于法国巴黎（19世纪40—50年代），这无疑会深深地影响法国人文社会科学的未来发展和走向。在马克思离开巴黎的一个世纪之后（20世纪50年代

以后），法国有了独具特色的马克思主义思想流派：存在主义的马克思主义、结构主义的马克思主义与后现代主义的马克思主义。存在主义的马克思主义是西方人本主义的马克思主义的重要流派，是存在主义与马克思主义理论结合的产物，它强调人的个体自由和个体价值，主张通过人的自我抗争来摆脱异化状态。结构主义的马克思主义是西方科学主义的马克思主义的重要流派，是结构主义同马克思主义理论结合的产物，该学派反对人本主义将马克思主义意识形态化的做法，注重马克思主义理论的科学性。相对于前两者，后现代主义的马克思主义则无疑更加复杂，在20世纪60年代以后，它以非理性主义思潮之名鹊起，从严格意义上来，这依然属于一种介于传统西方马克思主义人本主义和科学主义之间的“论争”，但无论是福柯的“知识/权力”论、德勒兹的景观社会，还是德里达的“马克思的幽灵”，都为当前审视资本主义社会提供了崭新的视角。

（一）存在主义的马克思主义

存在主义是20世纪最具影响力的哲学思潮之一。从组织上来讲，该学派不是一个统一的哲学派别，而是具有共同或相似社会关切的哲学思潮。该思潮主张人类超越生存困境，强调人类的发展自由。存在主义的出现有着深刻的文化渊源，“上帝”和“理性”构成了西方文明的主要精神，而科技的发展使人类在改造自然的过程中形成了前所未有的优越感和征服感，这使得“上帝”在人类心中神圣不可触犯的形象坍塌；而人类在对科技的使用中，也同时发现了它不可避免的弊端，特别是第二次世界大战以后，科技的自主性和破坏性被淋漓尽致地展现出来，使得“理性”所代表的技术主义也陷入危机。于是，人类陷入了前所未有的“文化悖论”，主要表现为“主动性的增加”与“无助感的增强”相伴相随。在这种文化危机下，存在主义应运而生。

法国存在主义的马克思主义是西方马克思主义社会思潮中重要流派之一，它将存在主义与马克思主义相结合并产生了深远的影响。法国哲学家萨特、列斐伏尔、梅洛—庞蒂等人都是法国著名的存在主义马克思主义者，但相形之下，萨特无疑最具代表性。

让—保罗·萨特（1905—1980）（Jean - Paul Sartre）出生于法国巴黎，其中学时就展现出对哲学及文学的强烈兴趣。大学期间，萨特就读于巴黎高师，这所学校在法国极为著名，被同时誉为“哲学家的摇篮”和“文学家的摇篮”。毕业后，萨特到法兰西学院研究现象学，并于1943年发表了其现象学研究代表作《存在与虚无》，一跃成为现象学研究的代表人物。第二次世界大战后，萨特思想左转，开始由存在主义者变为存在主义的马克思主义者，但他不加入共产党，只做共产主义的同路人。他于1964年获诺贝尔文学奖，但却拒绝去领奖。萨特在西方社会文化领域影响深远。他于1980年辞世，巴黎数万人自发地为他送葬。

《存在与虚无》
（图片来源：百度百科）

他的思想先后经过了早期的现象学阶段、中期的存在哲学阶段，最后发展到存在主义的马克思主义阶段。应当说，萨特从存在主义转向存在主义的马克思主义是20世纪哲学史上的重大事件，因为在此之前萨特已经是存在主义的扛鼎人物了。具体来讲，萨特从存在主义转向存在主义的马克思主义主要有以下两个方面的原因：第一，存在主义的内在理论缺陷（主要表现为个体主体深陷总体异化之中时的绝望）迫使萨特开始吸收马克思的一些理论和思想；第二，存在主义的理论诉求与工人阶级的现实状况之间存在着巨大的反差，这也使极具社会责任感的萨特逐渐走向马克思主义。通过了解工人阶级的生活与斗争状况，萨特日益感受到马克思主义强大的理论力量。萨特也经常反复强调，马克思主义给存在主义以无穷吸引力的不仅是其理论魅力，更在于这种理论在社会实践中与工人运动的紧密结合。

作为存在主义的马克思主义的代表人物，萨特对马克思主义给予了高度评价。他认为马克思在当前的历史时代是无法超越的，它的活力非但没有枯竭而且还是非常年轻旺盛的，而马克思主义的深厚理论基础也是当今任何想要获得发展的哲学的深厚土壤。但是萨特认为马克思主义并非是完美无缺的，其中的主要问题是，马克思主义宏大的理论中有着“人学的空场”，即对个人存在价值的忽略。萨特认为，马克思本人并不忽视个人的价值，而其身后的马克思主义者却在强调历史发展的必然性特征，这虽然保证了马克思主义宏大的整体感，却逐渐忽视了个人的主体价值，抑制了个体的自由和发展。也正鉴于此，萨特主张不能仅仅简单地经由存在主义走向马克思主义，而应用存在主义重点强调的“个体”与“自由”概念来补充马克思主义。

建立存在主义的马克思主义，就是要将马克思主义宏大的历史发展理论与存在主义的个体自由理论结合起来，从而创立一种以人的具体活动为价值基础的历史人类学。这里，萨特主张用“中介法”和“前进—回溯法”来完善马克思主义的总体方法，使其由抽象的总体性变为具体的总体化。具体来讲，中介法指的是，在对人的行为进行分析时，要将人同历史条件的相互作用一起考虑在内（比如，将家庭背景和童年经历等考虑在内），而非仅仅诉诸于各种社会因素（如生产力、生产关系等经济基础因素和阶级关系因素等）对人的行为的直接决定作用；而前进—回溯法则是指，在分析历史运动时，不能仅仅分析历史发展的普遍性和整体性，也应具体分析社会整体与个人实践之间的复杂相互关系，因为社会通过中介对个人的影响和个人通过中介对社会环境的选择，都不是一次性完成的，而是双向往复、多次循环的过程。

萨特用中介法和前进—回溯法构建的存在主义的马克思主义的核心是形成对具体实践活动的认识，因此存在主义的马克思主义的核心思想便是对人类活动的具体实践的把握。因为在萨特看来，实践展示了人类个体与其他生物个体之间的根本的不同，即人类实践活动是对存在的创造、否定与超越。萨特认为，人类在给定环境中的能动性创造并不是一帆风顺的，而是在异化、物化等各种矛盾和制约因素中纠结地展开的。萨特将这些制约因素称为“惰性集合体”（类似于柏拉图的洞穴假说，或培根的四假相说之与人类的正确认识所形成的障碍性），它一方面使人类的历史发展历程充满了辛酸困苦，另一方面又为人类的超越性和创造性奠定了空间。正如马克思所言，“人们自己创造自己的历史，但是他们并不是随心所欲地创造，并不是在他们自己选定的条件下创造，而是在直接碰到的、既定的、从过去承继下来的条件下创造。”①萨特的这一观点与马克思有着十分近似立场。而且，和马克思在撰写《巴黎手稿》时基于异化和需求来探讨人类历史的前行道路类似，萨特通过匮乏和异化来展开对人类历史的陈述。萨特认为，匮乏（可简单理解为人类物质材料的不足）是人类历史发展的起点，同时也是人类实践创造的内驱力。人类的历史是人与自然、人与人异化的历史，而人类实践就是不断超越匮乏，扬弃异化的过程。诚如马克思所言，异化和异化的扬弃，走的是同一条道路。

从 1960 年发表《辩证理性批判》直到 1980 年去世，萨特一直坚持他的存在主义立场，但却日益接近真正的马克思主义立场。作为存在主义的马克思主义者，萨特充当了西方 20 世纪 60 年代新左派运动的代表人物，他曾致力于通过他的理论来引导“五月风暴”中的欧洲青年学生反抗运动，并一度成为欧洲左派激进运动的精神领袖。从萨特的思想演变逻辑中我们不难发现，他的一生一直经历着不同思想的冲突、理论与现实的冲突。但是，其一生不妥协、不断抗争的精神又展示出强烈的社会责任感，是人类社会发展的重要文化力量。

① 《马克思恩格斯全集》第八卷，人民出版社 1961 年版，第 121 页。

（二）结构主义的马克思主义

结构主义本不是一个严格的哲学流派，而是起源于语言学，逐步贯穿于人类学、历史学、心理学等领域的结构方法论，于20世纪50—60年代成为法国最主要的哲学方法论之一。在该方法论形成及流行的过程中，语言学家索绪尔（语言结构主义思想代表人物）和人类学家列维—斯特劳斯（结构主义社会理论代表人物）起到了十分重要的作用。如果说索绪尔是结构主义方法论的创始人，那么斯特劳斯则成功地将结构主义方法论推广到哲学社会理论研究当中。结构主义方法论有三个特点：第一，强调整体性和层次性，认为系统中某一成分和要素的变化必将引起其他成分和要素的变化；第二，强调非个体性，特别反对突出或强调个体特征的人本主义（或曰人道主义）；第三，强调非历史性，认为人类认识的重点在于研究对象和现象背后的深层结构和本质，而非仅仅揭示事物的具体的历史变更与演化。

结构主义的马克思主义是西方马克思主义思潮的重要流派之一，同存在主义的马克思主义一样，它是马克思主义同其他哲学思潮相结合的产物，其主要代表人物是法国哲学家阿尔都塞。

路易·阿尔都塞（Louis Althusser）（1918—1990）出生于阿尔及利亚首都阿尔及尔附近的比曼德利小镇，分别在阿尔及尔和马赛完成了小学和中学学业。同萨特一样，阿尔都塞大学也就读于巴黎高师。入学不久，他便应征入伍以抵抗德国法西斯的侵略，后被德军俘虏，关押在集中营，战争结束后才被释放。战后，阿尔都塞加入共产党，成为党内重要理论家。1965年阿尔都塞发表了《保卫马克思》和《阅读〈资本论〉》，提出了结构主义的马克思主义，在法国和国际社会产生了巨大的影响，受到了法国新左派运动的拥护。虽然，阿尔都塞本人并不十分情愿将自己的理论命名为结构主义的马克思主义，但是无论他对马克思文本的解读还是其本人的理论阐述都深深显示着结构主义的烙印。

《保卫马克思》
（图片来源：豆瓣读书）

阿尔都塞提出“保卫马克思”的口号，实际上是保卫马克思思想的科学性，反对当时在人本主义的马克思主义中流行的将马克思主义意识形态化（即以个体—主体原则来反对集体—主体原则，从而基于前者凸显个体自由和价值等文化维度的历史变迁问题，而不是关注经济社会整体的结构性变革问题）的做法。为了能对马克思的文本进行科学解读，他首先提出了不同于“直接阅读法”的“症候阅读法”。通过症候阅读法阅读《资本论》，阿尔都塞得出了马克思思想是科学理论的结论。他认为，任何文本都是由表层结构和深层结构构成，对于表层结构的理解通过直接阅读法即可达到，而要理解文本的深层结构则需要借助于症候阅读法。症候阅读法指通过对文本中的疏漏、缺失、省略等各种“症候”来揭示文章的深层结构。需要指出的是，阿尔都塞认为文本的深层结构主要表现为“理论总问题”（或曰“问题式”），因此通过症候阅读法来理解文本的深层结构也是把握字里行间隐藏的“理论总问题”的过程。阿尔都塞通过“理论总问题”的转换来把握马克思主义哲学史上的变革，尤其是其前后期思想的深刻变化。

正是通过对马克思文本深层结构的解读（即对“理论总问题”的研究），阿尔都塞提出了马克思思想进程中的“认识论断裂”说。他认为，马克思的思想于1845年发生了一次“认识论断裂”，开始由意识形态阶段向科学阶段发展。而为这一断裂说提供方法论基础的正是“理论总问题”，阿尔都塞认为马克思的思想此时发生了“理论总问题”的转换。处于意识形态阶段的青年马克思（人道主义或人本主义的马克思），其“理论总问题”的基本结构是“概念的经验主义”

和“主体的唯心主义”；而处于科学阶段的马克思则确立了一个新的总问题，一种向世界提问的新方式，即历史唯物主义理论范式。

然而，这一断裂的最终完成并非一蹴而就的，它实际上经历了将近10年的过渡式断续发展过程，直到19世纪50年代、特别是写作《资本论》（1867年出版第一卷）中才真正完成了“理论总问题”的彻底转换。与人本主义一派大多更偏爱马克思早期著述（如《巴黎手稿》）不同，阿尔都塞认为，《资本论》在马克思哲学发展史上具有极为重要的作用，正是在这部著作中马克思用生产力、生产方式、生产关系、经济基础、上层建筑等概念确立了历史唯物主义的“理论总问题”，为马克思思想的发展奠定了科学的哲学体系。直到晚年时期，阿尔都塞依然捍卫着自己的断裂说，无论是处于政治立场还是理论原因。只不过，他修正了过去把“断裂”仅仅归结为科学和意识形态对立的观点。

从阿尔都塞的理论中可以看出，捍卫马克思主义的科学性是其毕生的理论追求。但是，需要注意的是，阿尔都塞在强调马克思主义科学性的同时，在同人本主义的马克思主义的斗争中常常陷入理论的偏执。尤其是他的“断裂论”，决然地将马克思早期和晚期的思想对立起来，显然是片面的，走向了片面否定人的主体性与自由的极端。

（三）后现代主义的马克思主义

以萨特等为代表的存在主义的马克思主义和以阿尔都塞等为代表的结构主义的马克思主义，多是19世纪末20世纪初生人的一代学者的代表性理论。他们出生的时候，恰是第二国际理论家论战正酣的时候，而当他们甚至尚未等到自己名声鹊起之时，也即20世纪20—40年代（此时的欧洲，特别是德国谱系之中，正孕育着以匈牙利人卢卡奇、德国人科尔施等为代表的“西方马克思主义”群体，并随即因1932年的《巴黎手稿》的首次全文公开发表以及德国法兰克福学派的创建，而使人本主义的西方马克思主义在欧洲渐成气候——萨特等法国人本主义的马克思主义，在思想史上就属于受前者影响的法国支流），另一代法国谱系的马克思主义思想家群体又诞生了。他们就是主要以后结构主义乃至后现代主义、语用学和后现代精神分析学为方法论武器，以多元的链接和差异化生成等机制为认识论框架，力图重构权力理论和主体理论。从总体来看，这一时期的法国思想界，主要是在萨特的存在主义的马克思主义和阿尔都塞的结构主义的马克思主义之间，力图寻求一条突破二者之局限性的路径。正是这种努力，使得后结构主义和后现代主义思潮在20世纪60年代以后的法国，以非理性主义思潮之名鹊起。因此，从严格意义上来，这依然属于一种介于传统西方马克思主义（从卢卡奇到阿尔都塞）人本主义和科学主义之间的“论争”，只是这一次，在法国，论争双方几乎是势均力敌的。

1. 米歇尔·福柯

米歇尔·福柯（Michel Foucault，1926—1984），出生于法国的普瓦捷，父亲是一名成功的医生。作为一名有专制倾向医生的儿子，福柯天资聪明却有情感问题。他是一名同性恋者，并备受该问题的折磨。早期他在巴黎高师同阿尔都塞一起从事研究工作，被誉为“萨特之后法国最重要的思想家”。他曾是一名法国共产党员，但是由于无法接受“欧洲共产主义”正统观念的束缚，最终与之分道扬镳，从此便对马克思主义产生了一种难以释怀的情愫。1970年，他被法兰西学院聘为教授，在那里度过了余生。

福柯常被视为哲学家、社会理论家，但从“疯癫史”到“性经验史”，福柯写的几乎都是史学作品。通过这些史学作品，福柯却试图构建一种没有主体的历史，这明显区别于讲述个人主体在时间中变迁的标准观念史（如在人本主义的马克思主义那里所表现的）。他将自己的历史研究方法称为“知识考古学”，并将之与那种企图追求阐释主体意义图示的解释学方法区别开来。知识考古学认为，在既定的历史时期，思维受一种潜在系统（概念环境）的影响，这种环境以一种人们无法觉察的方式决定着个体的意识。知识考古学通过对某一时期作者（无论出名与否）作品的分析，来重构作品写作时所置身其中的系统（概念环境）的总体结构。考古学作为后现代的历史学方法，则有助于历史学家在知识领域内发现话语的多样性。但是，考古学又显然是一种结构性、共时性的分析模式，它只能描述语言或非语言活动下潜在的观念体系，却不能解释从一种体系到另一种体系产生的变化（如在结构主义马克思主义那里所表现的）。福柯似乎意识到了这样的缺陷，在《规训与惩罚》（1975）中，福柯提出了系谱学的方法来弥补考古学的不足，并认为这种方法可以进行有效的因果分析。

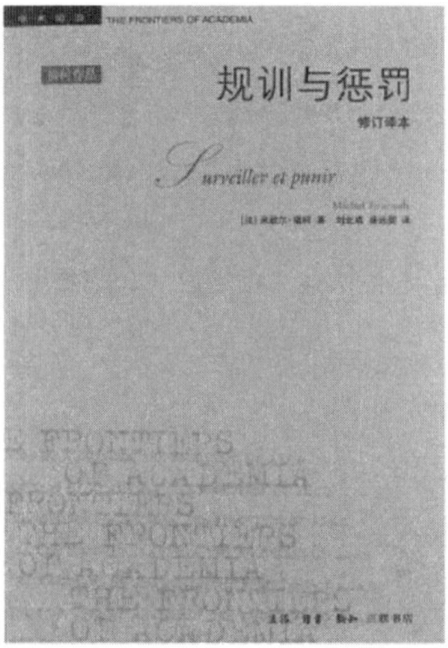

《规训与惩罚》
（图片来源：谷歌图片）

福柯对现代性进行了创造性的批判。他将现代理性理解为一种压迫性力量，强调现代理性以话语实践的方式对个人实施规训式统治（如以学科的方式实施建制化）。福柯指出，与以往以肉体折磨为特征的惩罚相比，当代惩罚则要求罪犯发生内心、态度的转变，这种转变的目的在于更加有效地控制身体。福柯认为，以往用来惩罚罪犯的手段已经发展为各种式样的控制场所（学校、医院、监狱、社会科学等领域），这些控制场所与人类生活的各个层面混合在一起，获得了社会个体的认同，整个社会被牢牢地控制起来，使人类生活在一个“监狱般的岛屿”上。

福柯认为，知识和权力体系是不可分割的，他的“权力/知识”概念对有关人类解放的知识目标表示怀疑。他认为，不仅医学、法学而且整个人文社会科学，都不仅是知识，而更是权力运作的机制（或机器）。比如审计制度就是将每个人的基本情况记录成文，将每一个人置于“书写网络”当中。权力机制正是基于这些记录（工作进度记录、学校缺勤记录等）实现对人的控制，人类的各种经验（如疯狂、性行为等）都成为了语言系统严密分析和监视的对象。权力与知识就是这样紧密地联系起来的。在现代知识的语境下，人类的经验被反复建构，人类的经验行为被现代话语体制牢牢把控，从而变得易于把控和管理。福柯也因此对现代性持敌对态度，他将知识和真理视为权力和统治的基本要素。他指出，产生于权力体系网络中的各种学科（如精神病学、犯罪学等）通过排斥、限制、禁止所谓非主流的其他多种形式的实践，从一个方面又反过来完善和发展了新的权力技术。遗憾的是，虽然福柯开辟了重新思考权力和政治策略的新路径，但却没有为此提供任何积极的建设性方案以及任何的规范性基础。这或许也是所有和福柯一样的后现代主义者的宿命。

2. 居伊·德波

居伊·德波（Guy Debord，1931—1994），法国著名的电影导演、冒险家和政治活动家。其代表作是《景观社会》（1967），该作品以控诉战后资本主义社会中的消费主义而闻名。他认为，当前资本主义社会已经从马克思所处的以物质生产为基础的大工业社会发展为以消费为核心的消费社会。在消费社会中，资本主义的生产关系渗透进社会生活的方方面面，商品的物化结构进一步深化，普通消费者从马克思所描述的商品拜物教中跌入景观真实“虚构”的异化世界和意识形态中，无力反抗也无从反抗。德波将之命名为“景观社会”。

在《景观社会》一书中，德波对商品景观、时间景观等景观化现象进行了批判分析。德波认为，在当前资本主义社会，商品成功地占据了社会生活的全部内容，景观的逻辑由此开始发酵，作为景观的商品开始成为商品景观，而商品景观为了维系自己的生存与发展便不断生产出新的需求和满足这些需求的伪造物（如赋予过剩的、非必需商品的“故事化”和“系列化”营销）。德波还对时间景观进行了批判，在他看来，与前现代社会中的“循环时间”和现代社会的“不可逆时间”不同，晚期资本主义（或后现代主义）社会中普遍存在的，是可供消费的虚假循环时间，或曰景观时间。对德波而言，与节约时间的观念相联系，不断提高速度的交通工具、方便省时的速食汤料等快捷高效的商品都是典型的景观时间。

《景观社会》
（图片来源：谷歌图片）

德波还认为，实现了景观的社会，其本身也就成为了社会景观，建立在商品景观基础上的社会景观使社会呈现为景观样态。德波的景观社会揭露和批判了日常生活中的景观异化现象，但他所提倡的批判策略依然局限在黑格尔、卢卡奇等人所设定的历史框架之内，将革命的焦点放在了历史主体意识的解放上，企图以意识革命来代替革命的实践，并寄希望于颠覆景观社会，这对实际问题的解决必定是不会奏效的。总而言之，虽然德波参透了景观的资本逻辑，但未能从哲学逻辑上根本扭转人本主义的幻想，以致在异化的思路上越陷越深。因此，与阿尔都塞和福柯的偏科学主义相比，德波似乎更偏人本主义一边，其核心做法，就是从马克思《资本论》的拜物教理论以及《巴黎手稿》的异化概念出发，以人（特别是个体的人）的主体性地位的弘扬为主旨（通常表现为对自我意识的物化，如自由、价值、主体身份认同等文化或意识形态批判研究）。其实，从人本主义马克思主义创始人卢卡奇那里开始，一直到法兰克福学派以及存在主义的马克思主义（萨特等），这样的意识形态或文化批判，都有着割舍不断的与其说是马克思主义的情结，毋宁说更是浪漫主义的乌托邦心绪。在这种心绪中，商品对世界的原子化分割，被景观对社会的切割所取代。

3. 雅克·德里达

雅克·德里达（Jacques Derrida，1930—2004），20 世纪下半期最重要的法国思想家之一，西方解构主义的代表人物。

深邃的思想洞察、开放的理论空间以及强烈的现实关怀使他蜚声国际学术界。他的理论和福柯的理论一样（甚至走得比福柯更远），彻底颠覆了整个传统人文科学的基础，是后现代理论最主要的源泉之一。

从严格意义上讲，德里达甚至不算是一个真正的马克思主义者，但他却始终坚持马克思主义的批判精神。《马克思的幽灵》（1993）的发表标志着德里达作为后现代思潮代表人物的正式亮相，这部著作是他的思想与马克思思想最为关联的一部。在这部作品中，德里达对资本主义的政治进行了解构，批判了当今资本主义虚伪的民主制度。尽管德里达对资本主义进行了批判，但他却刻意与马克思主义保持距离，拒绝成为一名马克思主义者（值得一提的是，欧洲亲马克思主义者，如萨特、德里达等人，对于“马克思主义”的理解，主要是基于“欧洲”中介过的第三国际马克思主义印象）。然而他却是马克思主义批判精神的真正继承者，甚至在某些方面更加激进地表现了马克思主义的批判精神。

20 世纪 80—90 年代，东欧剧变、苏联解体使世界社会主义运动进入低潮。此时，资本主义理论家弗朗西斯·福山在其《历史的终极与最后一人》中提出了“历史终结论”，他认为资本主义已经在全球范围内取得了胜利，马克思主义已经失去了生命力，社会主义将要终结。当“历史终结论”甚嚣尘上，让人以为社会主义行将失去未来时，德里达的《马克思的幽灵》则对此泼了一盆冷水。他认为，福山等人所构想的“新世界”实为一种自我幻想，资本主义制度在当前依旧有很多弊端，资本主义社会中尚有很多人处在贫穷、被歧视、被压迫当中。他还指出，资本主义民主是一种虚伪的民主，它在现实运行中存在着诸多困境（分配不公等），这些困境在全球化过

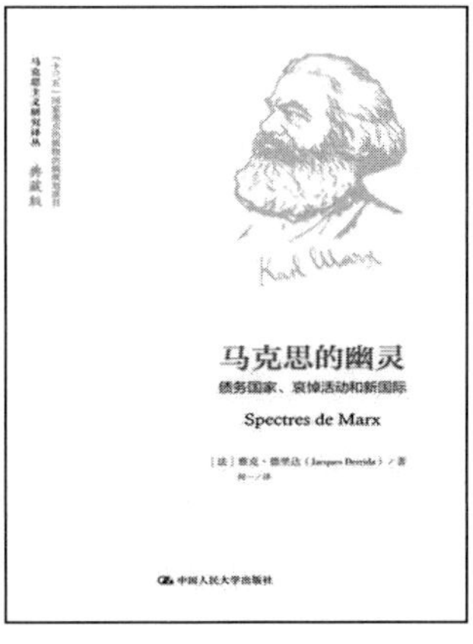

《马克思的幽灵》
（图片来源：谷歌图片）

程中势必更加凸显，若资本主义当局对种种弊端视而不见的话，势必会让人们对现行的制度失去信心。

在《马克思的幽灵》一书中，德里达指出马克思主义并没有终结，而是变成了一种幽灵般的存在，这种幽灵是一种精神和肉体消亡后经重新拼装而成的抽象形体，是一种永远不会消失的东西，它以不直接显现的方式对社会施加着影响。在马克思主义发展史上，当苏东等社会主义国家的“肉体凡身”还存在时，马克思主义的幽灵在逻辑上是不能出场的；而当东欧剧变、苏联解体，资本主义主流意识形态将马克思主义挤到理论与现实的边缘时，马克思的幽灵的出场时机就成熟了。

在德里达看来，将马克思所关注的问题引向当代，用马克思的思想遗产来解决当下的最新问题，比刻板地照搬马克思在特定历史环境下提出的具体言论要更符合马克思的本意。德里达认为，当代马克思主义的根本问题是马克思主义的试图在场化，而在这个压抑马克思主义发展的时代，由解构主义拯救马克思的任务已经刻不容缓了。

在德里达看来，针对意识形态、商品拜物教和现代（理）性的批判等，都是马克思思想中蕴含的众多幽灵，这种幽灵依旧在当今资本主义社会游荡并产生了重要的影响。从幽灵的角度来看待马克思主义显然是别具特色的，这意在反对将马克思主义机械而武断地予以分割的做法（原子化的做法，与总体—历史观相对），也旨在反对将马克思主义视为整个不变的理论的刻板思路（机械主义的做法，与辩证法相对），因为所有这些都不利于用马克思主义解决当前的实际社会问题。

虽然德里达的思想同马克思的思想存在着某些相同之处，但是其“幽灵性本体论”寄托从根本上置换了马克思的历史唯物主义和生产方式分析范式（通过资本主义的基本矛盾来指向资本主义的终结），这种无视马克思基本理论和政治立场的分析方法，只能与马克思主义渐行渐远。

第三章

英国之旅：从《资本论》到伯明翰文化研究学派

1849 年 8 月，卡尔·马克思穿越海峡来到英国。在这里，他度过了整个后半生（34 年），并最后长眠于此。因此，一些评论家将伦敦称为马克思的“第二故乡”。如果用一句话来描述马克思在英国的生活，弗朗西斯·惠恩在 1999 年为马克思撰写的传记中的一句话再恰当不过了，“如果他不是在大英博物馆的阅览室，就一定是在当铺”。一方面，马克思在伦敦的生活十分拮据，甚至因此失去了年幼的儿女；另一方面，正是在这种艰苦的条件下，马克思开始了他的政治经济学研究工作，产生了日后震古烁今的《资本论》。一个世纪之后（即 20 世纪 50 年代后），马克思的思想经由西方马克思主义（特别是葛兰西和阿尔都塞的中介）而开始正式在英国传播。伯明翰文化研究学派（以霍尔等人为代表）和马克思史学研究（以汤姆森和安德森等人为代表）给今天的全球化过程中的亚文化研究提供了崭新的视角。

一、为伊消得人憔悴：马克思在英国与《资本论》的诞生

（一）伦敦的艰苦生活

“6 月 13 日事件”后，巴黎开始大规模镇压革命者。1849 年 7 月 19 日，马克思接到了搬家至摩尔比亚省的驱逐令，当局目的是将他放逐到环境极差又远离政治的地方，而这个地

方正是疟疾肆虐的潮湿沼泽区，十分不宜居住。马克思并没有照做，仍然待在巴黎的出租房里。8 月 23 日，警察再次发来警告，勒令他们全家在 24 小时之内离开巴黎。其实，马克思拒绝搬离巴黎的原因除了主观上的抗拒，客观上也确实不具备搬家的条件，连路费都没有。此时的马克思已身无分文，无论是他父亲的遗产还是燕妮的积蓄都早已花光——除了拿出较大数额的资金用以资助革命同伴，创办《新莱茵报》更是几乎花掉了他的所有积蓄。反动当局加剧对他的迫害使得几个股东陆续退出，马克思作为报纸的唯一所有者承担了报纸停刊后的全部开支。为了支付编辑的工资和房屋租金，他卖掉快速印刷机，借了 300 塔勒，甚至抵押了他收藏的书籍。因为燕妮有孕在身加之路费不足，经过大费周章的协商，最终当局勉强同意让他个人先行搬离，燕妮和孩子们可以再待一小段时间。

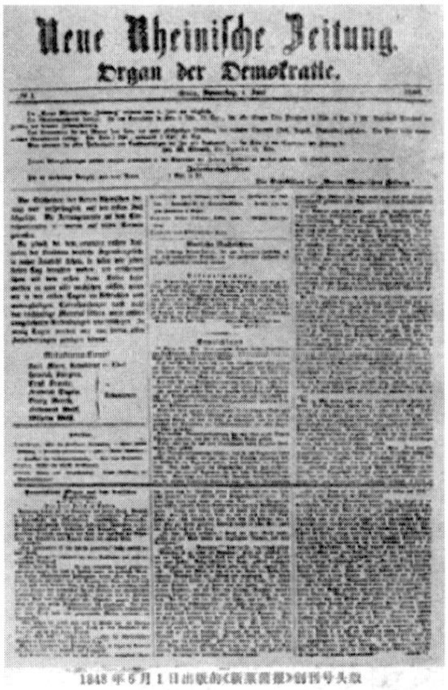
Neue Rheinische Zeitung.
Organ der Demokratie.

1848 年 6 月 1 日出版的《新莱茵报》创刊号头版

《新莱茵报》

（图片来源：搜狐文化）

马克思离开了临近产期的燕妮和他的 3 个孩子，前往伦敦。这个时候的欧洲大陆毫无言论自由可言，民主斗士们纷纷前往英国以逃避本国警察和王室的追捕。毕竟在英国，被接纳的条件只有一个——不损害英王室的利益。9 月 17 日，燕妮带着三个小孩以及肚子里还有三个星期就要出生的第四个孩子抵达伦敦，入住莱斯特广场中的寄宿房。不久之后，马克思终于在切尔西区的安德森街租到一所两间的狭小房间。这个地段生活便利，所以尽管面积很小，租金却仍然高昂，大概每月 6 英镑。除了租房费用，添置家具也是一笔大支出，再加上一大家在伦敦的生活费用，让靠着时有时无的稿费过活的马克思经常为钱发愁。到了 10 月份，家里的钱所剩无几，不仅无力支付房租，也没钱购买食物，甚至无力为即将分娩的燕妮请医生。幸好恩格斯这时候成功逃离德国，应马克思之前所邀来到了伦敦，他的出现为马克思一家提供了一部分经济支持。但此时的恩格斯也并非手头宽裕，违背家族意愿的他只能定期从家里拿到一定的津贴，所以能补贴给马克思一家的费用也很有限。

现今的莱斯特广场（图片来源：视觉中国）

11月5日，马克思和燕妮的第四个孩子出生了，马克思为他取名为亨利希以纪念自己的父亲，燕妮为他取了小名叫小福克斯，因为生日当天正是盖伊·福克斯节（天主教“阴谋组织”企图在1605年议会开会期间炸掉上议院，刺杀詹姆士一世和英格兰议会上下两院的所有成员。盖伊·福克斯主要负责后一阶段计划的执行，但是在执行任务时被发现，最终在审判中被处死。人们为了纪念这位反抗者，设立这一节日）。小福克斯出生以后的日子更加不好过，因为付不起奶妈的工钱，燕妮不得不忍着胸部和背部的剧痛给孩子喂奶，以致于乳头都被吸伤裂口，鲜血时常流进小福克斯的嘴里。燕妮说这个可怜的孩子从她身上吸去的是痛苦和忧伤，所以才总是体弱多病，终日在生死线上挣扎。

1850年春季的一天，女房东突然破门而入，要求再收5英镑（约合5.5塔勒）的房租。实际上，马克思一家冬天已经付给她250多塔勒，按合约规定，其余的钱应该付给查封她财产的地产主。但是女房东否认合约，要求立即付钱。马克思家里哪里有现钱，即便心里不想对抗客观上也无法满足她的这一无理要求。于是房东叫来法警，查封了马克思家不多的全部家当，包括床铺、衣物，甚至是小福克斯的摇篮和女孩子们的玩具。得知马克思的家当被查封，药房、面包铺、肉铺、牛奶铺的老板们便一齐上门要账。为了偿还欠款，雷厉风行的燕妮很快把家里所有的值钱物品进行变卖。不幸的是，当天已经傍晚了。根据燕妮的记述，当时的伦敦规定不允许傍晚搬运东西，而他们忽略了这一点。等到她把自己拟出售的物品搬出去要运走时，房东又领着法警来了，污蔑说里面可能有她的东西。不到五分钟，不下二三百个看热闹的群众聚集在马克思家门口，切尔西的流氓也全都来了，卖出去的物品只能等第二天早晨再运送出去。燕妮和孩子们抱作一团，无端地又蒙受了一场羞辱。

现今的切尔西区

（图片来源：视觉中国）

要找一个新住所谈何容易，尤其是在经济拮据的情况下。但是切尔西的房子无论如何是住不下去了，于是马克思一家暂时搬到了莱斯特广场莱斯特街 1 号德国旅馆的两间小屋里，在这里每星期要付 5.5 英镑。德国旅馆对于许多从德国、法国、意大利逃过来避难的人来说，是一个落脚点。东拼西凑解决租金以后，这家旅馆的老板又拒绝给他们一家提供早餐，导致马克思不得不再次搬家。这次他们搬到伦敦霍乱流行的苏豪区迪恩街 64 号，后来一位为燕妮作传记的作者将这条街道称为“死亡大道”。这片区域直至今日仍然是一个很不发达的地区，狭窄的街道、偏僻的巷子遍布其中。尽管到处都是垃圾堆和臭水沟，生活环境十分糟糕，但这对于流亡的马克思一家来说却是别无选择，只能选择这样一个最糟糕因而房租也最便宜的地区，一家人在此度过了六年的岁月。值得一提的是，尽管马克思本人经济状况很不好，他还参加了救济委员会的工作。

1850 年 11 月，从出生起就体弱多病、缺医少药，终日挣扎在生死线上的小福克斯患上肺炎，最终夭折。燕妮在《简记》中记述了她的伤心，这是她失掉的第一个孩子，没有什么痛苦比这更难以忍受的了。马克思在给恩格斯的信中也说到燕妮陷在一种极端的痛苦和疲惫中。于是，恩格斯决定放弃写作去挣钱来支持马克思。恩格斯离开伦敦，前往曼彻斯特的工厂工作，并用自己的薪水接济马克思一家。不久，马克思一家又搬到了同一条街上的 28 号，此时，燕妮已怀着她和马克思的第五个孩子——弗兰契斯卡。

马克思一家和恩格斯
（黑白木刻 李以泰）

搬进迪恩街 28 号的居所以后，也就是距小福克斯夭折后的 3 个月，燕妮就诞下了女儿弗兰契斯卡。对于流亡中的家庭来说，新生命的诞生不仅没能增添欢乐，反而带来了新的负担。马克思家的两居室那个时候一共住着四个成年人和四个小孩。因为房子太过狭窄，弗兰契斯卡出生以后还曾交由一名护士抚养。一个普鲁士警探在报告中这样写道，临街的那间是客厅，后面的那间是卧室，整个家里没有一件家具是干净的，都布满了灰尘。也没有什么家具是牢固的，都是一堆破烂，唯一一把给客人准备的椅子还有四条腿，但孩子们在上面玩游戏。家里日子过得还是很艰难，燕妮要支付两个佣人的薪水和每年 22 英镑的房租。孩子不能得到充足的营养，健康状况也十分不好。弗兰契斯卡出生后，和小福克斯一样体弱多病。马克思找母亲借钱，母亲自然是拒绝的，他的母亲当时对他很反感。马克思找燕妮的母亲借钱，但因为燕妮的弟弟埃德加尔刚刚从燕妮母亲那里要走了一笔钱，所以马克思岳母也爱莫能助。在马克思给恩格斯的信中，我们可以看到，他无法出门，因为气温下降而大衣已经被当掉。孩子们没有肉吃，因为肉店的赊账实在太多，老板已经不让他继续赊账。两个大孩子已经到了上学的年龄，却没有钱去读书。

1854 年 4 月，弗兰契斯卡患上了支气管炎，在病情最重的时候也没有条件进行有效救治，小小的生命就忍受了可怕的痛苦。她在生死线上挣扎了三天，最终还是离开了人世。最悲惨的是，此时的马克思连购买一副埋葬尸体的小棺材的钱都没有，弗兰契斯卡的小尸体在家里停放了好长一段时间。燕妮到处求人、濒临崩溃，后来她从一位法国移民那里获得了 2 英镑，才买了棺材。由于两个孩子相继夭折的打击，燕妮的身体状态也急剧变坏，经常连续几天卧床不起。马克思白天为了谋生奔波忙碌，晚上还要抓紧时间从事经济学研究，生活的压力和精神的打击严重损害了他的健康。他的肺部和眼部都被感染，牙齿剧烈地疼痛，肝病和疖子一齐发作。尽管燕妮的状态也不好，但这个伟大的女人在马克思病倒时表现出极大的坚强。当马克思病情好转，她才允许自己暂时倒下去。1852 年这一年，可以说是马克思一家在迪恩街居住的岁月中最糟糕的一年。

1855 年 1 月 16 日，马克思的小女儿爱琳娜·马克思出生，这个孩子十分可爱，皮肤白里透红，圆嘟嘟的像个小球。但新的不幸又要到来。他的长子埃德加尔是一个极其聪明和乖巧的孩子，也因此获得全家宠爱，甚至可以说是马克思最疼爱的孩子。马克思给他起了个“穆希”的绰号，恩格斯往往打趣地叫他“穆希上校”。埃德加尔十分机智，有一次面包铺老板上门来讨债，问埃德加尔马克思是

马克思夫人燕妮
（图片来源：互动百科）

否在家。他回答完不在，便立刻夹着三个赊来的面包逃走。这个故事既反映了孩子的机智，也体现了他在何等贫困的环境下长大。1855 年春天，埃德加尔患病，尽管中途有过起色，但始终没有真正好转。他坚强且懂事，即便自己忍受着病痛的折磨，还反过来安慰为自己伤心落泪的家人。

成年后的爱琳娜
（图片来源：文汇报）

1855 年 4 月 6 日清晨，可怜的埃德加尔死在了马克思的怀里，那时他才 9 岁。当时在场的李卜克内西描述道，母亲伏在死了的埃德加尔身上哭泣不已，琳蘅（马克思的管家）站在旁边呜咽，小燕妮和劳拉则依偎在母亲身旁低声哭着，非常激动的马克思拒绝任何安慰。马克思也记录了自己的丧子之痛，他说这个亲爱的孩子是家中的灵魂，是他使家中充满生气，现在他死了，家里就变得空虚和冷清。“我已经遭受过许多不幸，但只有现在，我才知道什么是真正的不幸”。埃德加尔的死去再次给马克思一家以沉重的打击，全家在很长一段时间内都笼罩在死亡的阴影中。即便承受着巨大的伤痛，马克思也没有彻底放弃自己的研究工作，正是在这一时期的坚持工作，为他创立了剩余价值学说奠定了基础。

1856 年，燕妮的母亲离世，她回到特里尔为母亲送终。虽然也是一件悲痛的事情，但是燕妮也因此获得一笔 120 英镑的遗产。于是全家人终于可以搬离这个阴郁的房子，离开迪恩街这个伤心的地方，迁居到伦敦新建的郊区。马克思一家新的居所是一幢富有浪漫气息的小房子。尽管住房条件得到了比较大的改善，全家人第一次有自己的床可以睡，有四条腿的椅子可以坐，甚至还有摆设了旧家具的客厅，但是债务危机仍然无法根除、家庭支出依旧处处受限。他在 1857 年表示，此时的处境比五年前更惨，微薄的收入完全不能满足日常开支。马克思在给恩格斯的信中写道，他完全无法安心工作，一来是需要四处奔走筹钱，二来是家庭琐事太多。为了缓解经济压力，他去应聘了铁路公司的办事员，这份工作将会有稳定的收入。但是因为马克思的字迹太潦草，最终没能得到这份工作。

马克思的字迹（图片来源：光明日报）

1858 年春天，马克思的肝病再度加剧。燕妮不得不给自己并不认识的拉萨尔写信，感谢他帮助马克思签订了与敦克尔的合约，但马克思现在忍着肝病的折磨根本无法动笔。这意味着马克思极有可能无法按时交稿，也无法为家庭带来一笔可观的出版费用。1860 年，燕妮不幸又染上了天花。因为这种疾病传染性极强，为了有效隔离，马克思不得不把他的孩子们送到李卜克内西家里寄居，而自己暂时放下工作照顾燕妮。好在最终战胜了疾病，马克思也未被传染，但天花在燕妮的脸上留下了痕迹，这让燕妮一度情绪消沉。

1861 年，《纽约论坛报》因为美国内战爆发的影响而减少了与马克思的约稿数量，这意味着马克思的收入减少。1862 年，该报不再向他约稿，马克思的主要收入来源没有了，走投无路的他只得再次四处借钱。1863 年冬季，马克思的母亲去世了。同之前燕妮的母亲去世一样，马克思也继承了他母亲的遗产，这是一笔 600 英镑的财产。一年以后，他的朋友威廉·沃尔弗离世，也给他和恩格斯留下了遗产。可能是考虑到马克思经济比较困难，马克思分到 800 英镑，恩格斯分得 100 英镑。这两笔钱对于失去经济来源的马克思来说，无疑是雪中送炭。由于郊区的生活孤独而寂寥，燕妮怀念着热闹的聚会和熙熙攘攘的街道，马克思一家决定再次搬家。

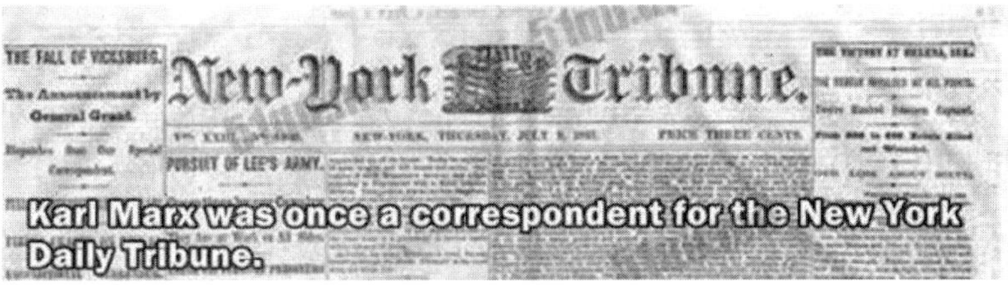

《纽约论坛报》（图片来源：百度图片）

这一次，他们搬到了莫丹那别墅一号，这栋房子独门独户、宽敞舒适。之前他们一家总是挤在一两个小房间之内，这次每个孩子都拥有了自己房间。之前，房间狭窄到连刚出生的弗兰契斯卡都要被移交给护士，但这次他们还有充足的空间饲养两条狗、两只鸟和三只猫。马克思也终于拥有了自己宽敞的书房，有写字台、书柜，还有安乐椅、皮沙发和壁炉。这样他就可以读读写写，累了还能躺一会。马克思一家的经济状况真的好转了吗？更好的地段更好的房子意味着更贵的租金，这栋房子的租金是上一幢郊区房子的租金的两倍。钱不够花，一直都纠缠着本就不善理财的马克思。

马克思、恩格斯以及马克思的三个女儿——小燕妮（右）、爱琳娜（中）、劳拉（左）

19 世纪 70 年代，马克思和燕妮的健康状况都急剧恶化。从 1878 年开始，因为长时间伏案读书以及熬夜写作，加之（因思考和劳累）抽烟喝酒的不良习惯，马克思深受胸膜炎、支气管炎、肺炎等病痛的折磨，由此带来的咳嗽和失眠使他无法好好休息，进而影响正常的研究工作。1879 年开始，燕妮病得越来越重，第二年被诊断为肝癌。虽然马克思又一次战胜了病魔，可是燕妮没能闯过这一关。1881 年 12 月 2 日，燕妮在马克思面前去世了。如果说马克思把自己的一生献给革命事业，那么燕妮可以说是把自己的一生献给了马克思。恩格斯说，如果有一位女性把使别人幸福视为自己的幸福，那么这个女性就是燕妮。在伦敦的流亡生活是艰难的，这一方面导致了燕妮健康的恶化，另一方面也使她情绪低落。马克思曾经给她写信说："我知道你的性情是多么地善变，而能给你的新生活带来的好消息是多么少。"在压抑的环境中，几个儿女的相继死去，债主的轮番讨债，不断的颠沛流离，燕妮的精神遭受巨大打击。同时，马克思的敌人们散布关于马克思的谣言，对他进行诽谤，这一切她都在默默承受。是燕妮与马克思同甘共苦，给予了他坚定的支持。除了处理家庭的极琐碎的日常生活，在贫困中想办法生存，她还承担着马克思秘书的职务。她要参加马克思出场的会议，以一个观察者的角度提建议。平日里挑选报纸杂志上他可能感兴趣的的文章给他看，细心地誊写马克思要投稿或付印的作品（因为马克思的字迹实在太潦草而致于难以辨认），并详细记录寄送杂志的信息。对此，燕妮不仅毫无怨言，反而引以为傲，她说为马克思誊写文章的日子是她生活中最幸福的时光。

燕妮的逝世使马克思十分悲伤，但是由于天气恶劣，加之那段时间他卧床不起，连燕妮的葬礼他都无法前去参加。面对燕妮的离开，马克思的身体更弱了，精神也更加恍惚。然而更致命的一击是女儿小燕妮的死亡，1883 年 1 月，小燕妮死于膀胱癌。当爱琳娜把这个消息带给马克思，她感到自己是把一张死亡判决书交到了父

马克思和燕妮（图片来源：360 百科）

亲的手里。从2月份开始，马克思的病情急剧恶化，还得了喉炎和肺肿瘤。3月14日下午两点，当恩格斯进去看望在书房睡觉的马克思时，这位伟大的人物已经在安乐椅上安详地离开了人世。

人类失去了一个头脑——马克思逝世（艾中信）

三天以后，马克思遗体在伦敦海格特公墓与燕妮遗体合葬，恩格斯在墓前发表讲话。他在讲话中称马克思为“当代最伟大的思想家”，认为他的逝去对于欧美战斗的无产阶级、历史科学是不可估量的损失。恩格斯还总结了马克思的主要贡献：一方面，马克思是一位科学家。他发现了人类历史的发展规律，经济基础决定上层建筑，人们首先必须吃、喝、住、穿，然后才能从事政治、科学、艺术、宗教等。他也发现了现代资本主义生产方式和它所产生的资产阶级社会的特殊的运动规律，创立了剩余价值理论。当然，马克思的研究领域不止于此，实际上在每一个领域都有所建树，比如数学等。另一方面，马克思更是一位革命家。他满腔热情、坚韧不拔和卓有成效地参加推翻资本主义社会的事业，参加现代无产阶级的解放事业。

马克思墓地（图片来源：e摄网）

当时参加马克思葬礼的只有11人，而如今的马克思墓地无数人前去祭奠，墓碑上镌刻着“哲学家们只是用不同的方式解释世界，而问题在于改变世界”，“全世界无产者，联合起来”。

（二）政治经济学研究

2018 年的纪念活动

（图片来源：美篇网）

流亡伦敦的生活是灰暗的，终日为钱所困、几个儿女相继病逝。但在伦敦的创作又是明亮的，马克思开始了他的政治经济学批判工作，产生了日后震古烁今的《资本论》。1850 年 6 月，马克思获得了大英博物馆的阅览证，自此以后，他便经常出入于此，进行政治经济学研究。马克思开始研究政治经济学后，他就曾预言过经济危机的爆发。1857 年，马克思的预言变成了现实：经济危机始于美国，并蔓延到欧洲，这场危机造成了英国、法国、德国等大批工人失业，且一直持续到了 1859 年。

马克思在大英博物馆学习

（图片来源：百度图片）

这场危机也对马克思的研究工作造成了影响，一方面，因为经济大环境的不景气，《纽约论坛报》付给他的稿费降低，他只能拿到大约原薪资一半的费用，这使他的生活更加困苦了；另一方面，这场危机却激发了马克思更强的工作动力，因为他的预言变成了现实，他也希望能够从现实中得出某些切实的经济学结论，夯实自己的理论。我们可以从马克思写给恩格斯的信中很明显地体会到经济危机给他的影响，一方面，他对自己窘迫的现状无能为力，认为自己比原来更加困难；另一方面，他又十分兴奋，自称 1849 年以来，没有任何时刻比经济危机的爆发还令他高兴。与此同时，恩格斯也对这场危机的发生十分欣喜，但他也提到，这场危机最好不要发展得十分迅速，他希望慢性的危机能够激发起无产阶级高涨的革命热情，只有在慢性的压力下，无产阶级才能步伐一致地进行革命。

对马克思和恩格斯而言，似乎他们在1848年预言的新时代就要到来了。然而，这场危机所带来的结果并未如他们所愿，资产阶级没有倒台，而马克思也曾在晚年的一些著作中承认，他和恩格斯当时过于乐观了。

马克思和恩格斯（图片来源：360百科）

不过，马克思在这场危机期间进行了深入的经济学研究，他还在日记中记录了在经济危机期间每一天所发生的事情，然而，超负荷的工作也严重影响了马克思的身体状况，他曾说道，他经常在夜间工作，一直工作到凌晨4点，在工作时，他会抽很多烟，这使他在工作一段时间以后不得不吃药治疗身体。

其实，早在1857年8月，马克思就已经开始尝试着写下自己的经济学理论的导言部分，旨在讨论经济学研究中的方法问题，只不过，这些内容并未发表，而且其内容和形式不完整，多带有探索性的意味和语气。

《〈政治经济学批判〉序言、导言》（以下简称《导言》）大致有三部分内容。第一部分主要讨论了“生产”问题，马克思不同意英国古典政治经济学家亚当·斯密与大卫·李嘉图的看法，他反对把个人看作孤立的个体，主张个人生产的社会性，也就是说，人是在社会之中，在于他人的关系之中生产的，一开始就带有社会性质。在第二部分中，马克思分析了生产与分配、生产与交换、生产与消费的一般关系。他驳斥了把生产、分配、交换、消费这四种经济活动割裂开来的观点，并认为，生产与消费在一定程度上是一致的，与此同时，他也反对认为分配可以离开生产、而交换也是生产的一个组成部分的观点。在马克思看来，生产、分配、交换、消费共同构成一个总体，这四种经济活动都是这一总体的不同环节。在第三部分中，马克思描绘了政治经济学的方法，这一部分内容尽管非常抽象，但是对于我们理解马克思的研究方法具有重要的意义，在这一部分中，马克思意在确立一种正确的经济学研究方法，即从抽象到具体的方法，并在货币、劳动这两个例子的辅助之下开始了他的复杂的分析，并提出了一个著名的观点：我们只有在资本主义社会的复杂的、发达的经济系统之下才可以理解资本主义时代之前的经济学、经济形式。可以说，这种经济学研究方法是马克思汲取德国古典哲学，特别是黑格尔的辩证法的一个范例。在这三部分主要内容之后，马克思又列出了一份由5点组成的写作大纲，并且在结尾处又提出了一些十分有趣的观点，尽管这些问题表面上在讨论古希腊艺术等，但实质上与他的历史唯物主义方法紧密相关。

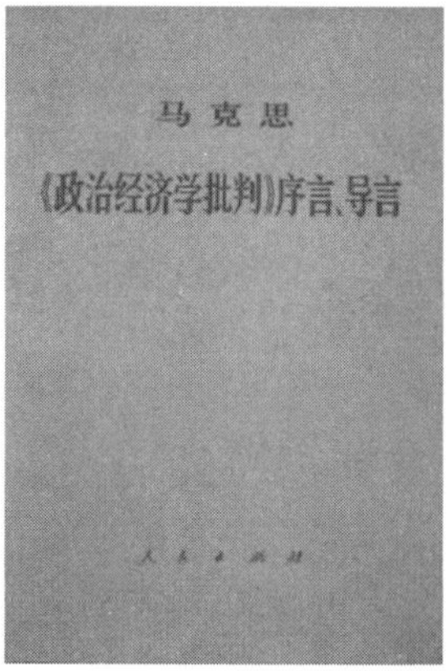

《〈政治经济学批判〉序言、导言》

上述内容只是马克思政治经济学批判的导言部分，而正文部分则以《1857—1858经济学手稿》（以下简称《1857—1858手稿》）的形式著称于世，这也是马克思写作《资本论》的重要基石。在《1857—1858手稿》中，马克思其实并没有按照他在《导言》中列的写作提纲进行写作，而只是在第一部分分析了货币、第二部分讨论了资本。与此同时，《1857—1858手稿》还包含了对资本的生产、流通过程的分析以及对剩余价值转化成利润的探究。值得注意的是，马克思在手稿中穿插了大量与经济学关系并不紧密的范畴或主题。例如，个人与社会的关系、异化问题等。这一方面表明了这仅仅是手稿，马克思并没有清晰地呈现出这些主题与经济学的关联；另一方面，这些带有哲学色彩的探讨使得马克思的经济学拥有了强大的批判力，甚至在一些学者看来，《1857—1858手稿》的理论地位是高于《资本论》的。

正如笔者在上文中提及的，马克思在《1857—1858手稿》中提及了人的发展、异化问题、共产主义等，这不禁让人联想起马克思的《巴黎手稿》（特别是其中的《1844年经济学哲学手稿》），事实上，两部手稿之间的关联也一直是学者们热议的话题，但是至少有一点是毋庸置疑的，《1857—1858手稿》继续了《1844年经济学哲学手稿》的议题，并且以一种更加复杂方式讨论了这些议题。马克思的《1857—1858手稿》几乎涵盖了所有的经济学理论，在覆盖面与完整性方面，这一著作是超越了《资本论》的。1843年开始经济学研究起，到1858年《1857—1858手稿》写作完成，马克思赋予了这15年的工作极高的地位。1858年11月，在马克思的一封谈及《1857—1858手稿》的信中说：这是我15年的即一生黄金时代的研究成果。

1858年2月，《1857—1858手稿》的写作告一段落，但是，如何把篇幅如此之大的手稿（约800页）进行整理并发表又成为了一件令马克思头疼的事情。他觉得或许没有办法把这些手稿整理成为完整的著作，况且时间也不允许他这么做，所以，马克思决定把这些手稿分成几本小册子进行出版，这样不仅可以更容易找到出版商，还能吸引更广泛的读者。与此同时，马克思联系了拉萨尔，后者也愿意在柏林帮助马克思完成出版工作。马克思曾在给拉萨尔的信中提到一些关于出版的事情，比如自己编辑整理手稿的进展、这些手稿的理论目的等。他还和拉萨尔说，为了更容易找到出版社，他可以放弃出版手稿第一部分的版税。

这一年年底，拉萨尔找到了愿意帮助马克思出版手稿的出版商，并且这位出版商也愿意付给马克思版税，这对生活窘迫的马克思是一个莫大的好消息。但是，此时的马克思尚未完成这一部分的写作，并且要等到第二年5月份才可以脱稿，雪上加霜的是，马克思的肝病又犯了，他身体状况无法支撑他高强度的研究与写作任务。燕妮在写给恩格斯的信中提到，马克思的精神状况并不好，这很不利于他疾病的康复，而且在与出版商签订合同之后，他更加紧张、不安，以致于他根本没有办法完成写作任务。5月，马克思回到了曼彻斯特，他没有按照计划脱稿，其著作仅仅刚开了头，而他的身体依然没有恢复健康，这大大阻碍了他的研究工作的推进。

马克思本想顺利取得版税以此改善生活，然而事情恰好相反，他再次遇到了财政困难。马克思在写给恩格斯的信中说，自己的迁居让家庭处境更加困难了，家庭方面的开销越来越大，而且这次的危机并不是暂时性的，似乎他仍将在很长一段时间内窘迫。尽管恩格斯每月会为马克思提供 5 英镑，而马克思自己也会从为《纽约论坛报》与《美国新百科全书》写稿而获取一定收入，但是由于他为《1857—1858 手稿》投入了大量心血，所以他的稿酬收入实际上不比从前，他经常入不敷出，很快，他就欠出版商的债了。面对如此困境，马克思所能筹钱的唯一方式就是典当，然而这并不能帮助马克思太多。1858 年 7 月，马克思在给恩格斯的信中写道，他已经无法忍受这样的处境了，他必须要为筹钱而四处奔走并且浪费很多时间、四处碰壁，而且这种处境让他和燕妮的身体状况都不好，马克思自己的抽象思维能力在衰退，燕妮也被诊断出患有脑炎。最凶恶的敌人，这是马克思对自己处境的描绘。

又一次，恩格斯帮助了马克思，他给了 60 英镑，帮助马克思摆脱困境，进行工作，但一直到 10 月底左右，马克思仍没有整理好手稿。直到这一年年底，手稿基本完工。有意思的是，马克思认为自己能在这种恶劣的环境下完成这样的工作是十分了不起的，这从他写给恩格斯的信中就可以看出，他说，要是人能在肝病的折磨和贫困、家庭琐事缠绕的情况下像他一样这么快完成工作，那才真是一件怪事。1859 年 1 月底，手稿正式完成，但是，贫穷的马克思因为身无分文，无法寄出手稿，而当手稿最终寄出时，马克思怀疑柏林方面没收了他的邮件，而拉萨尔也没有及时通知马克思其实包裹已经寄到了，这种忧虑让马克思又一次病倒了。此外，印刷出版又是一个十分漫长的过程，大约需要 6 个星期。

6 月初，手稿终于出版，其中最著名的便是手稿的序言部分（即“1859 年政治经济学批判序言”），这一部分包含着马克思对历史唯物主义的经典表述：生产关系的总和构成了法律、政治、社会意识等上层建筑的现实基础，这些上层建筑与生产关系的总和，即经济基础相适应，物质生活的生产方式制约着社会、政治、精神生活的过程。在生产力发展到一定阶段后，它就会同生产关系发生矛盾，这种生产关系就会从与生产力相适应的形式变成了阻碍生产力发展的桎梏，这预示着革命时代的来临。在现存的生产关系下，如果一个社会还没有发挥出它所能蕴含的一切生产力，这个社会是不会灭亡的；如果代表新社会的萌芽还没有在旧社会的熔炉中成熟起来，这个旧社会也是不会灭亡的。此外，马克思还把亚细亚的、古代的、封建的和现代资产阶级的生产方式看作社会演进的不同时代，而资本主义的生产关系将是人类社会生产过程的最后一个对抗形式，由此，人类社会将结束史前时期。但事实上，业已出版的《1857—1858 手稿》的部分内容，即《政治经济学批判》第一分册的内容并不系统，而且其中穿插着很多对于经济学历史性的回顾，所以这部著作也饱受人们的批评，李卜克内西就曾提到，他从来没有对一本书这么失望过。而因为人们对这部著作的反响并不好，马克思所期望的英文版等其他语种的翻译也落空了。

在马克思寄出第一分册的手稿之后，他就开始着手写作资本部分的内容，而敦克尔也愿意继续资助他出版，但是马克思的写作计划依旧没有如期进行，而这次拖延的原因，是他与前法兰克福议会的左翼领导人福格特进行了 18 个月的争吵，马克思的大部分精力都用在了这上面，并成功说服一个伦敦出版商帮助他出版《福格特先生》（1860）这一篇幅很长的书。而在这次争吵的过程中，起诉费、印刷费等就花费了大概 100 英镑，其中大部分都是由恩格斯与拉萨尔赞助的。在这本书中，马克思把自己的辛辣的写作风格发挥到了极致。在恩格斯看来，这本书的内容比《路易·波拿巴的雾月十八日》（1852）还要精彩，拉萨尔也对这本书的预言称赞不绝。然而，此书的销售量并未如愿，而因为出版商的破产，马克思还将承担很多印刷费用。

在这段争吵结束之后，1861 年夏天，马克思得以重新投入对经济学的研究，把重心放在了资本问题方面，并努力使自己的理论更加通俗，而且他的写作还有另外一个特点，他自己也承认，如果隔一段时间再看自己之前写的内容，他会感到不满意，于是便会重新改写。1862—1863 年，马克思几乎遭遇了人生中最艰苦的时刻，而当他被生活窘况所困扰时，他就会在学术上转向关于经济学史方面的批判研究，1862 年年末，第二部分手稿基本脱稿。1861—1865 年，马克思实际上是在病痛中准备了大量的经济学批判研究手稿。

在马克思写给恩格斯的信中，他就提到，身体内的疾病影响了他的理论工作。而在 1863 年夏天，马克思因为疖子的发作险些丧命，11 月，疖子开始脓肿，他在很长的一段时间内非常痛苦，尽管已经做过了手术，疖子还是不断出现，甚至布满身上。由于长期忍受病痛的折磨，马克思甚至宣称自己对疖子的了解多于任何一名医生，在患病与治疗期间，他在大英图书馆查阅了大量的关于疖子的资料，并且服用了各种药物，乃至于他会自己动手术。他自嘲道，这是真正的无产阶级的疾病。

1865 年 3 月，马克思与一位汉堡出版商达成合作协议，快马加鞭地争取完成《资本论》全部手稿的写作。7 月，马克思已经基本写成了《资本论》前三册的内容，只差最后一册内容没有写。但是把自己的著作看作完整艺术品的马克思，并不打算把前三册先寄出，希望等到所有内容都写完后才会拿去付印。但是在恩格斯的压力下，马克思最终还是决定先完成第一卷的出版。

1866 年 11 月，马克思寄出了《资本论》第一部分手稿。1867 年 4 月，《资本论》第一卷终于全部完成。此时，马克思坚持要自己带着手稿去德国，他乘船去了汉堡，开始着手自己的付印工作，然而，付印进展却十分缓慢。在度过了自己的 49 岁生日之后，马克思在 5 月中旬赶回伦敦。但是这次返程令他十分害怕，因为他在伦敦欠下了大量的债务，而且家庭问题也十分困扰他。那一年夏天，他除了应对生活上棘手的事情，就是在忙于自己的校稿工作，并不断地与恩格斯商量自己的手稿，征求后者的意见。

1867 年 8 月，马克思在给恩格斯的信中写道，《资本论》的最后一个印张校对完成了，序言部分也已经校对完成并寄回，如此一来，第一卷的工作终于完成了。此外，他还表达了对恩格斯无尽的感激，如若没有恩格斯对他的巨大支持，他不可能完成这么浩大的任务。并提到，他收到了恩格斯寄给他的 15 英镑。1 个月之后，《资本论》第一卷在德国汉堡出版，首次印数为 1000 册。

《资本论》德文版

当然，马克思在《资本论》中的政治经济学批判是建立在古典经济学家们的理论基础之上的。在书中，他也使用了许多古典经济学家们使用的概念，譬如，使用价值、交换价值等。在自己的价值理论中，马克思首先分析了商品的定义及其价值究竟何在，他区分了商品的两重价值，一是商品的使用价值，即对于人们来说，商品是有用的，能够满足人们的需要；二是商品的交换价值，它由凝结在商品中的劳动量所决定，正是因为抽象出了商品中的劳动量，所以两个不同种类的商品才能够进行交换，任何一种商品都具有这二重价值。而商品的交换价值又该如何确定呢？它不是由某个特殊的生产者所决定的，而是由生产这种商品的社会必要劳动时间所决定的，即在社会平均条件下，生产这种商品需要耗费多少劳动。与此同时，商品的二重性也体现出了劳动的二重性，马克思提出了具体劳动与抽象劳动这对范畴，具体劳动决定了商品的使用价值，即是说，具体劳动就是指我们生产了何种商品，而抽象劳动指向商品的交换价值，当然，这种生产过程是同一的，绝非两个过程。在厘清了商品概念之后，马克思开始探讨商品交换的过程，并最终从中解释了货币的产生，阐述了货币几种不同的职能。在第四章，马克思讨论了何为商品拜物教，这一概念对于马克思整个的政治经济学批判理论都具有重要的意义。如前文所述，它和《巴黎手稿》以及《1857—1858 手稿》中的异化概念一起，构成了日后西方马克思主义社会批判理论的核心范畴和理论。

在第一卷第一部分内容之后，马克思讨论了货币向资本转化的过程，在前资本主义时代，人们是为了使用价值采取购买商品的，即购买商品满足自己使用方面的需求，而在资本主义时代，人们是为了卖而买，其目的是为了交换价值，为了增加自己手中的货币。在后一部分中，马克思提出了一个关键性概念——剩余价值。资本分为不变资本与可变资本。简单来说，不变资本是指在生产过程中不改变自己价值量的部分。例如，生产资料、生产工具等；可变资本是指工人的劳动力，它在生产过程中可以改变自己的价值。而资本家对工人的剥削正是来源于可变资本，因为在马克思的经济学理论中，只有劳动才能创造价值。马克思区分了劳动力与劳动，资本家给工人的工资实质上是购买工人的劳动力，工人把自己的劳动力视作商品进行出卖，而在实际劳动生产过程中，资本家对劳动力进行利用，为自己进行生产，假设工人每天劳动 8 小时就可以生产出资本家为购买他的劳动力所预付的资本，但是资本家会让工人每天工作 10 小时或者更多的时间，这两小时所生产的剩余价值将为资本家所赚取，换言之，资本家不劳而获，而正是这种剩余价值引诱着资本家，也使资本家越来越富有。

《剩余价值理论》

除了劳动价值论与剩余价值论的理论内容外，马克思还讨论了工作日的长短、大机器生产、工资等问题，其中包含着大量的资料与数据，也有许多通俗生动的案例。马克思一方面谴责资本主义生产制度对人的折磨与剥削，例如资本家迫使工人们在极其恶劣的条件下进行生产，工人们的身体状况很差且平均寿命短，而且资本家为降低生产成本，还会雇用童工等，这些都显示出资本主义生产方式的非人性的一面，马克思甚至写道，在资本主义的体系内，社会生产力的提高是通过牺牲工人来实现的，这些发展生产的手段实际上都会使工人畸形发展、片面发展，使他们备受折磨，成为机器的附属品；但另一方面，他也认识到了资本主义生产方式的进步性，其背后蕴含着人的解放的可能性，唯有在生产技术极为发达的条件下，人们才有可能不为基本生存问题所困，最终实现人的全面的发展。

在《资本论》第一卷中，马克思分析了资本主义社会的基本矛盾——社会化大生产与私人所有制之间的矛盾。当这种私有制的生产方式无法再适应资本主义生产力发展的要求时，当生产资料的集中和劳动的社会化这一模式同资本主义的外壳无法相容时，资本主义这一外壳就要被炸毁了，资本主义不断剥削工人，工人的贫困、异化程度不断加深，这个由资本主义生产方式本身培育起的力量也将反抗这一生产制度，最终，资本主义的丧钟将被敲响，宣告更高的社会形式的到来。

《资本论》的第二、第三卷其实并没有被马克思整理出版，而是在马克思逝世后，由恩格斯（根据马克思遗留下来的众多手稿）整理出版的（此外，考茨基也根据马克思的手稿整理出版了第四卷，即《剩余价值学说史》）。恩格斯整理的后两卷讨论了资本的流通、剩余价值向利润的转化、构成经济危机的复杂因素、利润率的下降、价值和生产价格等问题，其中，对经济危机问题的表述尤其独到且深刻。在马克思看来，真正会对资本主义的生产实现限制的实际上是资本自身，生产过程的动机和目的其实都是资本的自行增殖，一言以蔽之，生产是为了资本而进行的生产。但是，生产力的无限发展会和资本增殖这一有限的目的发生冲突，唯有发展整个社会的绝对的近乎极限的消费能力才会最终实现资本增殖的目标，然而，贫穷、有限的大众消费能力是无法实现这一目的的，这正是资本主义经济危机的现实的原因。

从《资本论》第一卷内容来看，书中有许多抽象的表述，并且可以从中看出很多黑格尔的影子，而且，马克思使用了

19 世纪中期的很多经济学家使用过的概念，但是后来人们不再使用了，这些因素都让第一卷的开头部分略显晦涩，难以理解。在马克思看来，西方的经济学家们把资本主义的经济制度单纯地看作现象进行解释，而没有分析这些现象产生的背后的东西，更重要的是，深谙辩证法的马克思把资本主义仅仅看作人类社会发展过程中的一个阶段，绝不认可把资本主义社会视作永恒的社会形式，他希望能够分析出资本主义的产生、发展、消亡以及为更高级的社会形式所代替的过程。从今天来看，《资本论》仍不失为一部大师之作。然而，在其刚出版之时，它并没有立刻获得成功，而马克思也仅仅是在一些小圈子中获得了赞美，在德国，有很多人发表了不友好的看法。而恩格斯则积极地帮助马克思扩大《资本论》的影响，他写了多达 7 篇的评论，并按照文章侧重点的不同为不同的报刊投稿，但是，从最后的结果来看，第一次印刷的 1000 册全部卖出一共花费了 4 年的时间，《资本论》在当时社会中的反响只能用令人失望来形容。然而，今天，特别是近 20 年来，《资本论》却一直是国际社会（特别是学界）关注的热点。这一点尤其表现在英美马克思主义学界。

二、众里寻他千百度：英国马克思主义的文化、史学与经济学研究

“马克思在英国生活工作了 30 年以上，这一事实无助于他的思想在英国左派中的传播”，英国当代马克思主义学者戴维·麦克莱伦（David Mclellan）说。一个世纪之后（亦即 20 世纪 50 年代后），马克思的思想经由西方马克思主义而开始正式在英国传播。伯明翰文化研究者和马克思史学研究者给今天的全球化过程中的亚文化研究提供了崭新的视角。麦克莱伦在 20 世纪 70 年代末期对 20 世纪 50—70 年代马克思主义在英国的传播与接受情况归纳为：英国马克思主义在知识分子群体中的接受情况，主要表现在文学、历史学和经济学这三大领域，其中作出最大努力的方面也许在经济学。知识分

子为此致力于探讨的具体领域及其问题包括：（1）文学领域：大众文化和精英文化在推动社会变革中的作用问题；（2）史学领域：英国乃至欧洲如何从前现代社会向现代社会过渡问题；（3）经济学领域：围绕马克思《资本论》及其手稿所展开的马克思生产理论和价值理论的论争。这其中，分别扮演重要平台作用的机构和杂志包括英国伯明翰文化研究中心、《新左派评论》和《资本和阶级》。

值得注意的是，虽然当代英国马克思主义学者柯林尼克斯（Alex Callinicos）也认为，直到20世纪60年代，马克思主义在英美世界作为一种理论话语依然处于相对弱势的地位。但无论是马克思主义在英国的传播，还是上述三个领域及其问题的研究，都早在19世纪末期就已开始，只不过那时比较弱，直到第二次世界大战后才逐步形成上述三大领域和问题，当然这些问题之间并非严格界分，而是时常交叉在一起进行讨论的，而这些领域和问题形成较大影响力，则是在20世纪60年代以后。而作为这一分界线的20世纪60年代，也正是西方马克思主义传入英国，以《新左派评论》为媒介逐渐进入英国知识界之时。这个杂志1962—1983年的实际领导人是佩里·安德森（Perry Anderson）。正如安德森本人在1976年的《西方马克思主义探讨》一书中所介绍的西方马克思主义诸代表人物都让英国马克思主义者感到了自己的不足和缺陷。因此，他所领导下的杂志《新左派评论》即致力于弥补这一差距，向英国知识界引入西方马克思主义的话语。当然，由于这次对西方马克思主义的“接收”主要聚焦于“法国和意大利马克思主义作家”（特别是葛兰西和阿尔都塞），因此葛兰西的文化领导权、市民社会思想和阿尔都塞的意识国家机器、意识形态主体建构论思想以及稍后的福柯知识权力论对于英国学界的先入性持续影响也就不足为奇了。

《西方马克思主义探讨》

正是在这样的结合中，直至20世纪

70年代末80年代初期，英国才形成了具有自己本土特色的马克思主义，这就是：（1）“新历史主义”的马克思主义历史研究；（2）“文化唯物主义”的马克思主义；（3）“分析马克思主义”的经济学研究等。据此理论蓝图，我们将介绍英国马克思主义的文化、历史和经济研究，它们所对应的子议题分别为：文化马克思主义的“意识形态论”研究，以伯明翰文化研究中心等为例；社会过渡理论与马克思主义历史学研究，以爱德华·汤姆森和艾里克·霍布斯鲍姆为例；英国分析马克思主义对历史唯物主义的重建，以柯亨为例。

（一）文化马克思主义的“意识形态论”研究

虽然我们可以把广义的马克思主义传统的“文化研究”阵营扩展至20世纪20年代以来的整个西方马克思主义诸多流派，以区别于第二、第三国际理论家聚焦政治和经济研究的做法。然而20世纪中期（20世纪50—60年代）日盛的英国文化马克思主义研究，却无疑使得文化研究的马克思主义传统凸显。而后者又是以20世纪60年代相继创办的伯明翰文化研究中心和《新左派评论》为主要媒介的。

与稍早（20世纪30—70年代）出现并繁荣发展的法兰克福学派的文化研究相比，英国文化研究（其发展鼎盛期主要集中于20世纪50—80年代），一方面与前者具有不可忽视的共同点，即坚持将文化的各种形式和现象纳入社会关系的范畴内予以考量，并在这个意义上力主他们所谓的真正的历史唯物主义也即马克思主义的立场；另一方面，与前者不同的是，伯明翰文化研究中心更加力主对工人阶级文化的捍卫。因此，虽然二者都反对所谓由文化工业所导致的大众文化，但英国文化研究并不因此如法兰克福学派那样走向一种精英文化的立场。当然，这样的差异或许也源于前者的唯理论与后者的唯名论传统之间的不同。非常有趣的是，正基于这些相同与不同之处，二者都将“意识形态”作为上述研究的关键词。实际上，正如凯尔纳所指出的，二者都认为文化是意识形态再生模式和霸权，都将文化视为一种抵制资本主义社会的潜在形式，只不过，法兰克福学派对大众文化的态度更加悲观一些罢了。

我们知道，西方马克思主义在英国的传播与接受，促使伯明翰文化研究中心的文化研究发生第二次断裂，而意识形态理论研究是这次断裂的产物和标志，并因此成为英国马克思主义研究的核心议题。英国的马克思主义文化研究由于受到来自欧洲大陆的西方马克思主义文化转向的影响，开始在一种不同的马克思主义谱系中聚焦文化、意识形态和上层建筑问题，而其中的意识形态问题研究无疑是核心，并标志着英国马克思主义文化研究的第二次断裂，从而力图开辟一条不同于第三国际马克思主义理论家们的“基础——上层建筑理论”，也即一条“既不同于唯心主义也不同于唯物主义的”意识形态论。正是这次转向中，意识形态问题才被在很大意义上于马克思的历史唯物主义的框架内得到聚焦式探讨，虽然很多时候还是以文化的名义。

因此，在英国马克思主义学者这里，文化概念不仅是他们试图突破第二三国际理论家经济决定论的武器，而且英国的马克思主义文化研究者们也同时对稍早（20 世纪 20—30 年代）兴起于欧洲大陆的人本主义马克思主义的文化研究心存警惕。在他们看来，后者属于文化主义，也即一种有精英主义之嫌的文化观。与此相反，英国马克思主义学者致力于对下层民众的文化研究。但同时，与英国乃至西方世界熟稔的经验主义或实证主义的社会学研究方式不同的是，这样的研究更多地将文化现象置于社会生产关系的场域，而不是将其单纯视为一种人类学现象。这一对马克思主义经典作家的社会生产关系理论的借用，以及在某种意义上对人民群众创造历史的观点的承认，使得他们可以被称之为加了定义的马克思主义者。前一种做法，被学界称之为英国文化研究的文化与社会传统，它承认了文化的唯物主义基础——在一定意义上坚持了社会生产关系决定论，后一种做法，使得他们都在不同程度上关照了传统马克思主义的阶级分析法。然而，所有的这些努力，不过是借助于葛兰西的文化霸权概念和阿尔都塞的结构主义马克思主义的意识形态论来赋予文化更多的自主性、复杂性和开放性。文化可以是受动的上层建筑，也可以是渗入经济之中成为基础，正因为如此，掌握了它就可以实现对整个社会生活的动态的主导权。

实际上，被称之为文化主义的西方马克思主义中的人本主义一派也十分重视文化的能动性，并在这一意义上继续批判性地弘扬启蒙理性的主体性原则，将之置于黑格尔式总体辩证法的核心环节，并在这个意义上称之为黑格尔主义和人本主义。但这样的做派似乎没有得到擅长经验哲学或唯名论的英国学界的认可。因为在后者看来，人本主义的文化主义依然将文化置于类神的总体的奴役之下，无论这个“总体”是历史还是结构。显然，从哲学的角度来看，后者更愿意采取的是存在论的范式而非本体论的范式。基于此，在开展具体论述时，虽然没有像文化主义那样，因为强调社会意识的能动性这一被忽视的环节，而给予意识形态以独立主题的地位，但英国文化马克思主义者却从被扩大了内涵和扩充了功能的大文化概念的角度，来赋予意识形态概念以十分不同的理论景象。

（二）社会过渡理论与马克思主义历史学研究

1946 年，英国进步知识分子组建了共产主义历史学家小组。其组员克里斯托弗·希尔（著有《马克思主义和历史学》）、罗德尼·希尔顿、莫里斯·多布（更闻名于马克思主义经济学领域特别是社会过渡理论议题）、爱德华·汤姆森（著有《英国工人阶级的形成》）、艾里克·霍布斯鲍姆（著有三个年代系列）以及稍后的佩里·安德森（也着重于对英国乃至整个西方马克思主义发展史梳理工作）等，都是英国马克思主义历史学研究的主要代表人物。该小组的最大关注点之一是复杂的、漫长的和混乱的从封建主义向资本主义的过渡问题，这里简称为社会过渡理论。在探讨这一主题时，他们在运用马克思主义范畴的问题上碰到了许多难点。但这种情况在 20 世纪 60 年代和 20 世纪 70 年代，特别是随着来自欧洲大陆的西方马克思主义思想的传入而有所改变。总体来看，历史学家小组大体可分为两派，即强调人类动力的人本主义一派和强调结构的科学主义一派。实际上，从他们对葛兰西和阿尔都塞思想的发挥不难发现，大多数成员尽管彼此间也有论争如著名的汤姆森—安德森之争，但都难以改变他们主要游离在科学主义和人本主义之间的基本格局。20 世纪 70 年代，英国马克思主义传统的历史学家所做的中心工作是努力打破结构主义和人道主义之间对抗的局面。当然，这样的努力，其共同旨趣都是为了反对决定论的马克思主义。

从总体来看，20 世纪 50 年代以来的英国马克思主义历史学的理论贡献主要包括：第一，提出了自上而下的史学观（以爱德华·汤姆森为代表），并因其对群众的历史创造性的关照而赋予其浓厚的马克思主义史学理论色彩，进而为日后的英国左翼史学研究、特别是社会过渡理论议题奠定了方法论基础；第二，社会过渡理论，也即英国等欧洲地区的现代化之路，如同意识形态研究对于英国马克思主义文化研究那样，是英国马克思主义史学研究的核心议题；第三，对马克思身后的马克思主义发展史的梳理，也是英国马克思主义史学界的一个独特贡献，它包括佩里·安德森对西方马克思主义发展史的梳理和戴维·麦克莱伦对马克思主义发展史的梳理。

1. 爱德华·汤姆森：自下而上史学观的提出

爱德华·汤姆森（E. P. Thompson）作为一个研究 19 世纪英国社会的马克思主义历史学家，既反对剑桥史学派，也反对阿尔都塞式马克思主义。他因此也成为新左派史学的奠基人，影响了日后英美世界的左翼激进文化——政治史学，如美国的女权、家庭、种族和少数民族史学，以及英国的乡村和工作场所史学研究。爱德华·汤姆森对英国马克思主义历史学的贡献，主要是提供了一种全新（与精英主义史学观相比）的史学方法论基础，这就是自下而上的史学研究路径。作为英国马克思主义史学研究和文化研究的综合者，他更多地借助于将文化研究的方法（和术语）运用于史学研究，开创性地提出了自下而上的史学观和为捍卫史学研究的历史唯物主义基础而对结构主义展开批判。因此，与包括佩里·安德森在内的英国其他马克思主义文化史学家相比，汤姆森更加接近人本主义（文化主义）的传统。虽然他们总体上都处于人本主义和科学主义（结构主义）之间。在这一框架下，汤姆森提倡一种自下而上的新阶级分析法来考察18—19世纪英国社会文化及其向资本主义过渡的历史进程。在这样的要求中，处于社会存在与社会意识“对话”（或链接）领域的“经历”（包括“习俗”等文化实践），成为探讨社会过渡问题的关键环节。

2. 艾里克·霍布斯鲍姆：英国资本主义形成的漫长历程

正如爱德华·汤姆森在《英国工人阶级的形成》等著作中所指出的，艾里克·霍布斯鲍姆（Eric Hobsbawm）同样也致力于下层阶级的研究（如其于20世纪60—80年代在《新左派评论》等刊物上陆续发表的有关劳工研究的论文），然而，与汤姆森相比，霍布斯鲍姆更出名的是他的“年代”系列（《革命的年代》《资本的年代》《帝国的年代》和《极端的年代》）研究（与汤姆森集中于18—19世纪研究不同，霍布斯鲍姆主要聚焦于19—20世纪研究，甚至延伸到21世纪研究），且研究对象也不仅限于英国。首先，《革命的年代：1789—1848》（1962）致力于探讨法国大革命和英国工业革命及其所引发的1815—1848年的欧洲（三次）革命之于世界历史的影响。其次，在《资本的年代：1848—1875》（1975）中，霍布斯鲍姆则继而致力于梳理资本主义的全球扩张史，研究对象也从欧洲扩展到了美国、日本、中国和印度。因论题所限，其关注焦点是资产阶级。再次，在《帝国的年代：1875—1914》（1987）中，霍布斯鲍姆致力于完成对于“漫长19世纪”（1776—1914年）的探讨，作者认为，其中轴即是自由资本主义的胜利和转型。最后，除了上述三部曲之外，霍布斯鲍姆还写了《极端的年代：1914—1991》（1994）以对20世纪的两次世界大战及其所引发的俄国革命和法西斯主义的兴起、战后资本主义经济发展的“黄金时代”和危机、后现代文化、苏联社会主义及其解体等进行了梳理和分析。总之，在霍布斯鲍姆看来，无论是英国式的资本主义形成，还是该模式的改编版本（美国式资本主义）在全球的扩张，都是一个十分“漫长”而“极端”的历程。

（三）分析马克思主义与经济学研究

正如麦克莱伦所指出的，“分析马克思主义”无疑是英美马克思主义学界的一个独创。该学派正式创立于20世纪70年代末80年代初，其主要特点就在于，以分析的（含语言分析、逻辑分析、行为决策分析等）方法致力于马克思主义政治经济学（特别是政治经济学史）研究（特别是以《资本论》及其手稿群为主要文本依据）。从总体来看，分析马克思主义是从英国转移到美国，以后又因代表人物在英美间的学术迁移而带有跨国属性的学派（甚至跨至整个英语界）。因此，它在很大程度上带有英国马克思主义的基因。柯亨（G. A. Cohen）作为分析马克思主义（或马克思主义分析学派）最重要的创始人，他最大的贡献莫过于为英美马克思主义分析学派（特别是其经济分析议题）奠定了历史唯物主义的基础——虽然，这已是经过其改造或重建后的“历史唯物主义”了。其基本定义可归纳为：在一种“有限的政治意义上”将历史唯物主义视为一种历史理论，也即一种关于“生产力和社会形式（或经济结构）相互作用”的时代发展的学说。这样的学说，它本身以哲学人类学也即关于人的本质的观点为基础。

首先，柯亨所重建的是一种“基于经济基础”的历史唯物主义。延续英国马克思主义历史研究的核心基础，即倾向于将历史唯物主义视为马克思的历史理论，并在此基础上捍卫和重建马克思的历史唯物主义。但与霍布斯鲍姆等人（立足于社会过渡问题）为代表的历史研究学界和以霍尔等人为代表的文化研究学者们（立足于文化·意识形态主题）不同的是，柯亨对于历史唯物主义的捍卫，更多地是直接从马克思“1859年序言”中关于历史唯物主义公式中所涉及的核心范畴（生产力—生产关系）出发，而非仅仅像前二者那样大多只是从上层建筑和由上层建筑再生产（文化生产）所延伸的社会生产关系（以及阶级关系）出发来解释“1859年序言”公式中著名的建筑比喻以期重建历史唯物主义。柯亨则倾向于认为作为一种历史理论的马克思主义，也即历史唯物主义，它主要探讨的就是关于生产力和生产关系相互作用的时代发展的学说。换言之，柯亨主要是通过对建筑比喻中的经济基础的探讨来重建历史唯物主义的，它与英国文化研究（和历史研究）的基于上层建筑的历史唯物主义重建工作有着明显的不同。之所以要这样做，是因为柯亨并不认为历史唯物主义是错误的，只是需要对它进行修正以回应当代的各种挑战。

其次，作为自己所重建的狭义的或有限制的历史唯物主义原理的核心范畴，马克思的“生产力”和“生产关系”概念，在柯亨这里，同样被进行了新的分析：生产力（productive force），被界定为与生产资料明确区分的生产能力（productive powers）——其发展的核心，是（包含劳动活动人和科学知识等精神生产能力在内的）劳动能力的发展；生产关系，则被界定为是对人和生产力的有效的权力关系，其总和就是社会的经济结构。

最后，柯亨主张，也应在这样的历史唯物主义框架中来看待英国乃至全世界的阶级关系，特别是无产阶级的“权力”和“权利”问题。为此，柯亨否认那种马尔库塞式的阶级意识斗争法（权利斗争），而是要求改变资本主义的经济结构以实现社会主义议题的“权力”斗争。这一“基于经济基础”的历史唯物主义，成为他们分析马克思主义政治经济（史）学的基本原则。

从1849年马克思穿越海峡到达伦敦，直至1883年长眠于此，马克思在伦敦一共生活了34年。这34年里，马克思一家颠沛流离、忍受着一个又一个不幸；燕妮一边处理家庭琐事，一边作为马克思的秘书支持着他的工作，体现出了常人难以想象的坚韧与伟大；马克思既要解决家庭经济问题，又要笔耕不辍、孜孜不倦地进行政治经济学研究，世俗的烦扰从未动摇他改变世界、为人类发展作贡献的信念。现今，有无数的追随者也会前往伦敦去探寻马克思的足迹，从大英博物馆的座位到海格特公墓的墓地，还有他在迪恩街 28 号的故居。然而，对于学者来说，最好的纪念莫过于他的思想，以深入骨髓的方式成为我们如今观察和研判这个世界的方法论和世界观，这或许就是英国人在 20 世纪开展的伯明翰文化研究中心的文化马克思主义研究、马克思主义史学研究以及英国人独创的分析学派的马克思主义给我们带来的学术贡献。

第四章

美国之音：从《纽约论坛报》到今天

晚年的马克思曾十分关注美国的工业发展现状，甚至试图移民美国。他为《纽约论坛报》所撰写的多篇社论就是明证。19 世纪末 20 世纪初，马克思思想也曾随着来自欧洲的美洲新移民而有了最初的接触，但其大规模传播，还是在第二次世界大战期间，特别是随着法兰克福学派的代表人物（马尔库塞等人）移民美国，使得马克思主义成为美国生态学派、辩证法学派以及政治经济学研究的重要方法。

一、遥远的关注：马克思与美国

（一）马克思和恩格斯与《纽约论坛报》

马克思的一生拥有多种身份，他是思想家，也是革命家。而与其整个生命历程纠缠环绕的，可以说就是“报人”的身份，马克思在进入社会后有 20 余年的时间都在从事与报纸相关的工作。《莱茵报》使青年马克思更加关注社会现实，助推了他思想上的转向。1848 年欧洲革命爆发后，马克思又回到科隆创办了《新莱茵报》，激进的政治观点带来报纸发行量的迅猛增长。虽然这份报纸的生命随着马克思在 1849 年遭到普鲁士政府驱逐而戛然终止，但为报社撰写文章依然是马克思流亡生涯中最主要的收入来源。

1853—1862 年，马克思曾为六个国家的报刊撰写文章，不仅有英格兰、美国、普鲁士，还有奥地利甚至是南非的报纸，他在文章里关注世界时事、表达政治观点、研究理论问题。在马克思撰写的大量新闻文章中，大部分都发表在《纽约论坛报》（*New York Tribune*）上。有学者统计，在10年时间里，他有487篇文章获得了报酬，其中大半都被用作《纽约论坛报》的头条。

New York Tribune.

《纽约论坛报》（图片来源：凤凰网）

1861年2月对马克思来说特别难捱。因为这时，他的儿子不幸早夭，妻子燕妮又因天花险些丧生，他自己也饱受疾病的困扰，身心的折磨令他头疼不已。雪上加霜的是，他失去了《纽约论坛报》通讯员的工作，这不仅是他全家最主要的生活来源，更是他尤为重视的舆论阵地。燕妮在写给恩格斯的信中还曾说到，她从未想到马克思会对这份工作如此上心，以致时时思考忧虑而无法安睡。

《纽约论坛报》由霍勒斯·格里利（Horace Greeley）于1841年创办。当时的格里利十分担忧美国社会呈现出的两极分化的趋势，因而这份报纸在废奴、禁酒等社会问题上表现出十分激进的政治立场。

1847年的欧洲可谓“山雨欲来风满楼”，一场民主革命正在孕育。查尔斯·达纳（Charles Dana）在这一年以《纽约论坛报》特派记者的身份来到了欧洲。在德国科隆，达纳在友人的引荐下结识了时任《新莱茵报》主编的马克思，并被他雄健的文风所折服。1851年，成为编辑部主任的达纳致信马克思，希望他成为《纽约论坛报》的海外通讯员，每周撰写两篇通讯，稿费10美元。此时，流亡至英国伦敦的马克思生活十分困窘，燕妮已经因为高昂的物价当掉了陪嫁的最后一串项链，而相当于2英镑的稿费已经能够勉强支撑马克思一家的生活。因此，马克思立即给远在曼彻斯特的恩格斯写信，既是告知消息也是咨询意见。同时，由于马克思当时刚刚流亡英国，英文水平不高，故还询问恩格斯能否在数日之内先写一篇关于德国革命的文章，再由他转寄达纳，恩格斯对此也欣然应允。

于是，第一组由恩格斯代笔、署名马克思的19篇通讯寄往纽约，主要内容都是刚结束不久的欧洲民主革命中德国发生的事件（这些稿件日后集文出版为《德国的革命和反革命》），并在1851年10月25日至1852年10月23日陆续发表。结果，这组文章在美国大获成功，出乎意料的反响令该报编辑部决定长期聘用马克思。到1862年3月，《纽约论坛报》共发表了马克思寄出的465篇（组）通讯，但超两成的文章其实是由恩格斯代笔。与军事相关的文章多数也由恩格斯主笔，因为他对军事理论颇有研究，马克思的女儿也是因此给他起了“将军”的绰号。

在马克思的英语尚不熟练时，恩格斯还会帮忙翻译他为《纽约论坛报》写的文章。为了及时完成翻译，恩格斯经常工作到深夜。1852年10月4日，恩格斯在给马克思的信中说：“我的身体状况也已经无法替你翻译全篇文章。整天在办事处让我的脑袋都忙昏了，到了晚上七八点喝完茶才把这篇文章读了一遍，然后开始翻译。现在已十一点半，我译到了文章自然分段的地方，并把译好的这部分寄给你，十二点文章必须送到邮局。因此，你将收到的已是我尽已所能的一切。”10月28日，恩格斯又致信马克思：“如果今天晚上我能将整篇译完，我就会在稍迟一点时把其余部分邮出。现在寄出的这篇，是为了使你至少及时收到哪怕一点东西。”

在相当长的一段时间内，恩格斯都是这样度过了他的夜晚，但他没有任何抱怨或要求。因为在恩格斯看来，尽可能给朋友以帮助和支持是自己应尽的责任和义务，何况他与马克思之间早已超越了一般的朋友之情。他对马克思的帮助已是对无产阶级革命事业最重要的理论家的爱护和支持。正是怀着这样的信念，恩格斯总是默默地、心甘情愿地去做马克思背后的绿叶。

1853 年，马克思与《纽约论坛报》正式签订了合同，而这一年的圣诞节，也是马克思全家在伦敦度过的第一个快乐的节日。在此之前，每天都折磨着马克思夫妇的有关钱财的烦恼也由于这份合同的签订而终止了。孩子们无忧无虑地在户外公园里玩耍，家里还种有樱桃树、洋莓树及葡萄架等。圣诞节时，朋友们还给孩子们带来了许多好玩的礼物，如洋娃娃、玩具手枪、鼓和喇叭等。

也是从这一年年初起，马克思开始自行撰文。经过一段时间的学习，他开始习惯用英文写作，然而，由于他有时急着赶稿，笔迹十分潦草。在这种情况下，燕妮就会誊抄一份再寄出。燕妮也就成为马克思撰稿过程中的秘书，不仅负责誊写马克思的草稿、整理通信，还要进行稿件登记、记录账目往来等。

1853 年还是马克思为《纽约论坛报》撰稿内容的一个分水岭。因为身处英国，马克思在起初时几乎只写有关英格兰的文章，但由于英俄关系降温，马克思开始将视角转向东欧以及印度，甚至还有多篇关于中英鸦片战争和太平天国的文章。为了这些写作，马克思投入了超常的精力去阅读英、法、德、意、西文报刊，查阅议会辩论记录以获取充分的材料。他还尽力把为报纸撰稿同他的学术研究连在一起，增加文章的深度。在总结马克思生平事迹的悼词中，恩格斯说，在这期间（指 1852—1861 年），这类文章中涉及的题材比马克思一生中所有其他作品加在一起还要广阔。

1853 年 7 月以后，《纽约论坛报》开始每天增出晚版，而在发表出来的马克思的文章中，有大约半数还在该报社另外刊发的《半周论坛报》和《每周论坛报》上再发表，大概 40% 的文章被作为编辑部社论。但实际上，并非所有寄出的稿件都得到了采用，或由于编者缺乏眼光、或由于观点上的差异、或由于报纸的经济问题强行毙稿以削减稿酬开支，马克思的稿件发表并不总是那么稳定。采用量最高的年份则是1854年（79篇）。

马克思接受《纽约论坛报》的工作并不单单是出于经济考虑，他也需要借此机会传播自己的学说，因此他曾经坚定地认为，无产阶级革命将率先在美国这一成熟的资本主义国家爆发。到1857年，如病毒般蔓延的经济颓势让马克思喜出望外，因为他完全没有意识到他将因此失去《纽约论坛报》这一主要经济来源。

虽然《纽约论坛报》在政治上持进步立场，但在对待自己的聘员方面，报纸的老板则完全是一副在商言商的面孔。即使原来商定每星期发表两篇，但经济危机来临时便为了少付报酬而经常扣发文章。但此时，达纳还是尽可能地帮助马克思，并为他介绍了每页两美元的《美国新百科全书》词条撰写工作。

《纽约论坛报》编委合影（前排左三是格里利）

1861年，美国南北战争爆发，改组后的《纽约论坛报》摒弃了之前的激进立场，开始支持南方奴隶制，马克思对此异常愤慨。但报社无视了他的抗议，并单方面要求他中断寄稿8个月，格里利还下令让达纳解雇马克思。1862年3月，达纳致信马克思表明他将退出编辑部，并告之他不要再寄稿件。于是，3月10日发表的《墨西哥的混乱》，便成为马克思在这张报纸发表的最后一篇通讯。至此，马克思与《纽约论坛报》的合作也正式结束。

其实，马克思也不是一名完全合格的职业写手：因为他也是一名“拖延症患者”。造成他“拖延”的因素很多：他一直计划进行庞大的政治经济学研究也就是后来问世的《资本论》，过度劳累经常给他带来病痛，家庭经济上又时常窘迫。此外，他还是个完美主义者，不仅兴趣广泛，更要追根究底地搜刮所有资料，并一遍遍修改完善此前拟定的稿子。许多年后，恩格斯还吐槽过他的“拖延症”，埋怨他因为过度分心于对俄国农业状况的观察研究以至于多年来无法完成《资本论》的写作。

（二）《纽约论坛报》与中国

提到《纽约论坛报》，就不得不提到马克思在这一时期对中国的关注。事实上，马克思与中国的渊源比我们通常了解的要早得多。由于马克思当时身处英国，他对英国殖民地的命运就格外关注，同时他也非常关注英国的对华政策，并在《纽约论坛报》上发表了大量的评论文章。

中英鸦片战争是马克思关注东方世界的一个焦点，他在《中国革命和欧洲革命》这篇文章中分析道：1830 年以前，中国与西方的贸易一直处于顺差，白银从印度、英国和美国源源不断地输入中国，以换取丝绸和茶叶。可是从 1830 年起，特别是 1840 年以来，中国的白银开始不断地输向印度，并经印度输向英国，其凶猛的态势大有使天朝帝国的银库枯竭的危险。是什么原因造成了这种情况？原来，他们开始用鸦片换取中国的白银。

1857 年 1 月 7 日，马克思就鸦片战争写了《英中冲突》一文，对战争予以深刻剖析，指出了英国对这场战争应当负有全部责任，“昨天早晨由‘亚美利加号’轮船带到的邮件中，有许多关于英国人在广州同中国当局发生冲突的内容。事实上，每个明智的人在仔细研究了双方之间的往来公函以后，一定会得出这样的结论：在整个事件的过程中，错误

鸦片战争

在英国一方。”该文还作为社论刊载于 1857 年 1 月 23 日《纽约论坛报》第 4918 号上。

1857 年 3 月下旬，马克思又依据大量事实撰写了《英人在华的残暴行为》一文，有力抨击了英国侵华的残暴行为，“英国报纸对那些在英国庇护下每天发生的可恶行为是多么沉默啊！非法的鸦片贸易靠着摧残人命和败坏道德来充实英国国库的事情，我们听不到。外国人经常贿赂下级官吏而使中国政府失去商品进出口的合法收入的事情，我们也听不到。对那些被卖到秘鲁沿岸去充当奴隶以及在古巴被卖为奴的受骗华工被横施暴行‘以至杀害’的情形，我们一点也听不到。外国人经常无耻地欺凌中国人的情形以及这些外国人在各通商口岸干出的伤风败俗的事情，我们一点也听不到……”该文也作为社论刊登于 1857 年 4 月 10 日《纽约论坛报》第 4984 号上。

19 世纪中叶，英国和法国联合对中国发动第二次鸦片战争，沙俄也乘机而入，采取军事强占和外交讹诈的手段，掠夺了大片中国领土。对此，恩格斯于 1858 年 10 月下旬写了《俄国在远东的成功》的评论文章，发表于《纽约论坛报》上。“结果，英国和法国对中国进行战争，只是为了让俄国得到好处……不稳定的亚洲帝国在一个一个地变成野心勃勃的欧洲人的猎物，这里谈的是其中的一个帝国……这个帝国如此腐化以至于既不能够驾驭自己的人民，也不能够抵抗外国的侵略。正当英国人在广州同中国的官吏争执不下……俄国人已占有了黑龙江以北的领土和南岸满洲的大部分土地；他们在那里建筑工事、进行铁路的勘查并预定了未来的城市和港口的地点。”

（三）关注美国南北战争

美国南北战争的爆发令马克思的处境急转而下。无论是柏林的《新闻报》还是美国的《纽约论坛报》都开始减少对他稿件的采用，后者还在第二年就与马克思解除了合作。失去了稿酬这个唯一的生活来源，马克思一家的经济状况又窘迫起来。然而，与现实境遇相反的是，他仍以极大的兴趣和热情关注着美国内战，因为它将埋葬万恶的奴隶制度。

马克思以惊人的毅力同恩格斯一起关注着战争的形势，并撰写了许多评论文章，其中就有部分刊登在《纽约论坛报》上。他还与恩格斯在通信中对战争的性质、意义、进程、美国国内的阶级斗争和国际形势进行讨论。在南北战争爆发伊始，马克思就已经深刻洞见到这场战争其实是由南部发动的，他在《论美国内战》中阐述道，这“是为扩展延续奴隶制度的征服战争”。1862 年 9 月 22 日，林肯发表《解放黑人奴隶宣言》，马克思还称赞这个宣言是“联邦成立以来的美国史上最重要的文件”。

美国南北战争

1864年11月8日，林肯第二次当选美国总统。11月22日，马克思开始起草致林肯的公开信。11月29日，经国际工人协会总委员会一致批准，这封祝贺林肯当选美国总统的公开信通过美国驻伦敦公使亚当斯转交林肯总统。1865年1月28日总委员会收到以林肯的名义寄来的回信，并刊登在1865年2月6日的《泰晤士报》上。

致林肯的公开信首先发表在1864年12月23日的英国报纸《每日新闻》上，随后又发表在1864年12月25日《雷诺新闻》第750号和1865年1月7日《蜂房报》第169号以及一些德国报纸上。全文如下：

“阁下：

我们为您以大多数票再度当选向美国人民表示祝贺。

如果说反抗奴隶主的权势是您在第一次当选时的留有余地的口号，那么您在第二次当选时的胜利的战斗口号则是：让奴隶制死亡。

从美国的大搏斗开始之时起，欧洲的工人就本能地感觉到他们阶级的命运是同星条旗息息相关。难道引出这段悲壮史诗的领地之争，不正是为了决定那辽阔无垠的处女地是应当与移民劳动相结合，还是应当被奴隶监工的践踏所玷污吗？

代表着30万奴隶主的寡头集团竟敢首次在世界历史上把‘奴隶制’写在武装叛乱的旗帜上；不到一个世纪之第一次出现了建立伟大民主共和国的思想，由此产生了第一篇人权宣言①，并给予18世纪欧洲革命以第一次推动；而恰恰是在第一次出现建立伟大民主共和国思想的这个地方，反革命势力却得意扬扬全面彻底地推翻了‘制定旧宪法时所依据的思想’，说什么‘奴隶制乃是仁慈的制度，实为劳资关系这一大问题的唯一解决办法’，并且无耻地宣称，把人当作财产的制度是‘新大厦的基石’。在这样的形势下，欧洲工人阶级甚至

① 这里指的是1776年7月4日英国在北美的13个殖民地的代表在费城召开的大会上所通过的《独立宣言》，宣言宣告北美殖民地脱离英国成立独立的共和国——美利坚合众国。

还在上层阶级狂热地倒向同盟老爷们一边从而发出不祥的警告之前就立即看出：奴隶主叛乱是一场财产对劳动所进行的普遍的十字军征讨即将开始的信号，对劳动者说来，不但他们未来的希望，就连他们过去争得的权益也因大西洋彼岸那场大冲突而陷于危险之中。因此，无论是哪个地方的劳动者，都甘愿忍受棉花危机给他们造成的艰难困苦，强烈地反对那些骑在他们头上的'大人先生'们千方百计站在奴隶制一边进行干涉，而且欧洲大多数国家都有劳动者为正义的事业献出了自己的鲜血。

作为北部真正政治力量的工人曾容许奴隶制玷污他们自己的共和国；他们曾在那些未经本人同意就被收作奴隶或出卖的黑人面前夸耀地表示，自己出卖自己、自己选择主人乃是白皮肤劳动者的最高特权。那个时候，他们不能获得真正的劳动自由，也不能支援他们的欧洲弟兄的解放斗争。但是这种阻碍进步的意识现在已经被内战的血浪涤荡干净了。

欧洲的工人坚信，正如美国独立战争开创了资产阶级统治的新纪元一样，美国的反奴隶制战争将开创工人阶级统治的新纪元。他们认为，由工人阶级忠诚的儿子阿伯拉罕·林肯来领导他的国家进行解放被奴役种族和改造社会制度的史无先例的战斗，是即将到来的时代的先声。"①

历经十余年的努力后，马克思的革命学说终究未能在美国取得他所期盼的成果，但依然撒下了星星火种。终其一生，马克思对美国都抱有浓厚兴趣，他曾打算旅居纽约，实地考察那里的政治经济状况，直到晚年，依然不顾大部分成员反对，坚持将共产国际通讯总部迁往纽约。

1872 年，第一国际在荷兰海牙举行第五次代表大会。大会对巴枯宁分子的分裂进行了总清算，决定把巴枯宁和他的亲信开除出国际。在巴黎公社失败后，第一国际以及国际工人运动就面临着各国反动势力的迫害和内部巴枯宁分子的破

① 《马克思恩格斯全集》第二十一卷，人民出版社 2003 年版，第 24—25 页。

坏，在欧洲已处于非常困难的境地。于是，在马克思的建议下，此次大会决定将总部从伦敦迁往纽约。第一国际迁往美国后，基本上失去了和欧洲各支部的联系，作为国际工人运动领导中心的作用也日益消失，其历史使命已经基本完成。1876 年在费城举行的第六次代表大会上，第一国际宣布解散。

二、万水千山总是情：马克思思想在美国的最初传播

在马克思看来，美国真正体现了“资产阶级社会的最现代的存在形式”。首先，美国未经历封建时代，“同以往一切国家的形式不同，这个国家自初始起就归属于资产阶级社会”。其次，马克思认为，经济的发展已经使得美国争取社会主义的条件比其他任何一个别的国家都更为成熟。因为在这个社会中，虽然阶级已经存在，但尚未完全固定下来，并在流动中不断地更新着成分，这为无产阶级在美国登上政治舞台提供了优越的历史条件。马克思和恩格斯还对在美国“建立一个严肃的工人政党”的可能性进行了政治上的分析。他们认为，内战的结果为无产阶级进行斗争扫清了道路，奴隶制的废除和工业的巨大增长，特别是经过了 1873—1878 年的长期危机之后，为“建立一个严肃的工人政党”提供了可能性。

（一）魏德迈和左尔格（19 世纪中期至 19 世纪 70 年代）

约瑟夫·魏德迈（Jose Pheydemeyer，1818—1866），是德国和美国工人运动著名活动家，也是美国的第一个马克思主义者，他出生于德国官吏家庭，毕业于柏林陆军大学，是马克思、恩格斯的朋友和战友。

1845 年 12 月，魏德迈参加布鲁塞尔共产主义通讯委员会的工作。1847 年，魏德迈加入共产主义者同盟。他还曾参与领导过威斯特伐利亚民主革命运动、担任过进步报纸《新德意志报》副主编。1850 年 9 月，共产主义者同盟发生分裂，魏德迈坚定地支持马克思和恩格斯。后因德国政府勒令《新

德意志报》编辑部离开法兰克福，魏德迈才不得不于 1851 年 7 月流亡瑞士，11 月，举家迁居美国纽约。

魏德迈到美国后，于 1852 年 5 月发起建立了美国的马克思主义组织——无产者同盟，同年创办了美国第一个马克思主义刊物《革命》。这一年，魏德迈在美国还筹备出版马克思的《路易·波拿巴的雾月十八日》，马克思给他寄去刚写完的该书第六章以及其他一些材料，并写了信。基于德国激进派政论家、小资产阶级民主主义者海因岑在《雅努斯》报上对马克思关于阶级斗争理论的攻击——说阶级斗争是“共产主义者无聊的捏造”，马克思在信中要魏德迈为《纽约民主主义者报》写几篇文章，继续加以驳斥。在这封信中，马克思还高度浓缩了他在《路易·波拿巴的雾月十八日》中已经阐述了的思想，即关于阶级斗争与国家政权的关系。无产阶级只有打碎现存的国家机器，才能以本阶级专政的形式掌握国家政权。但是这个专政与以往历史上一切政治权力不同，它的根本目的不是仅仅为了维护本阶级的利益，而是为消灭一切阶级和进入人类的无阶级社会作准备。

1853 年 3 月，魏德迈又创办了《改革报》，并和几位朋友在纽约成立了为时短暂的“美国工人同盟”，其宗旨是在社会主义的基础上为直接改善工人的生存状况而进行鼓动。

1857 年 10 月，魏德迈同 F. A. 左尔格（Friedrich Adolph Sorge，1828—1906）等马克思主义者一起建立纽约共产主义者俱乐部。1859 年 3 月任《人民呼声报》主编。1864 年第一国际成立后，他在美国工人中积极宣传第一国际的革命思想，并于同年年底创建了第一国际美国支部。魏德迈还在美国内战爆发时参加了联邦政府军队。内战结束后，他担任《新时代报》主编，继续从事工人运动。1866 年促成美国劳工联盟的建立，同年 8 月 30 日，魏德迈在圣路易斯病逝。

（二）美国社会劳工党和德利昂（19 世纪 70 年代末期至 19 世纪末期）

第一国际解散之后，左尔格与魏德迈的儿子奥托·魏德迈在费城成立了美国劳动人民党，1877 年改名为美国社会劳工党。该党曾试图参与选举活动但以失败告终。1890 年丹尼尔·德利昂参加了社会劳工党，并成为首要代言人，也是当时美国最有发言权和最不妥协的马克思主义的辩护者。

德利昂对于在美国有争取社会主义的可能性持有乐观且坚定的态度，他宣称："当封建主义被丢弃一边而资本主义无所顾忌地挥舞着权杖之时，就像目前美国这样——从这一刻起，进行革命的场地便已准备就绪……别的国家尚未有成熟条件到可以实行马克思的革命策略"。德利昂重视革命工会的活动，他认为劳工运动应分为建设性和破坏性两翼。破坏性的任务是为了废除国家而掌握国家，而掌握国家的手段，德利昂和马克思一样，认为在美国可以通过和平手段过渡到社会主义。建设性的任务则是控制、保存和扩大生产资料。政治运动必然使阶级斗争无法妥协，但经济运动却可以渐进式前进，要实现社会主义必须使经济运动和政治运动相互统一。"把工人阶级统一到政治领域和产业部门中来——之所以要统一到产业部门中来，是因为，如果没有工人阶级有组织的有机联合，革命行动就不可能实现；之所以要统一到政治领域中来，是因为没有别的领域可以寄托革命的目的。"

1894 年普尔曼罢工对阵国民警卫队（图片来源：百度图片）

（三）社会主义和共产主义（20 世纪初期至 20 世纪 50 年代）

在 1899 年，大多数社会劳工党的成员离开并建立了社会党。以社会党领袖德布斯和世界工人运动领袖比尔·海伍德领导的左派，在思想上最为接近德利昂。此时，社会党内也产生了一大批理论家，例如，欧内斯特·昂特曼翻译了马克思的《资本论》，路易斯·鲍丁写了《卡尔·马克思的理论体系》，《新评论》则从马克思主义的视角开始对女性主义和黑人问题展开敏锐的讨论。

1919 年第三国际建立之后，亲布尔什维克成员脱离了社会党，并组成了由路易斯·弗雷纳和查尔斯·鲁登堡领导的共产党，另外还有一个规模更小的共产主义工人党。列宁的“向右转”方针指示他们从事选举活动，并在工会运动中开展工作，但它们在大规模的消费品生产和各种手工业遭到排挤的情况下，逐渐走向衰落。1928 年，“左翼”反对派就被驱逐出党，他们是托洛茨基的追随者，并分成了两个团体，坚持不懈地宣传托洛茨基的观点。1929 年，右翼反对派也被驱逐出党，他们与布哈林的思想和政策合流，认为美国是一个不能立即被马克思列宁主义同化的“例外”。

在 20 世纪 30 年代中后期，共产党又取得了最大的进展，吸引了数量可观的知识分子。在此之后，受第二次世界大战的影响、战后的经济繁荣和麦卡锡主义者的疯狂压制，使美国马克思主义的发展进入一个相对停滞时期。

三、漂洋过海来看你：法兰克福学派的到来

20 世纪 20 年代以后逐渐兴起于欧陆的西方马克思主义流派，对英美马克思主义的影响是十分巨大的，尤其是法兰克福学派一批代表人物因第二次世界大战而移民美国，对整个美国马克思主义学术环境造成了至今不可忽视的持续影响。此外，对渗透在文化与历史中的政治经济学的研究在经由英

国传播到美国之后，几乎影响了整个美国马克思主义学界，使得他们的哲学、文化和历史研究都充满了政治经济学研究的底蕴。马克思主义也在后来成为美国生态学派、辩证法学派以及政治经济学学派进行学术研究的重要方法。

（一）“避难”美国

德国在1930年9月的大选之后，纳粹党以107个席位成为国民议会中的第二大党。在投票的前十天，仅普鲁士就有24人被杀，285人被打伤，并且发生了几十起炸弹袭击事件。不安稳的局势开始促使社会研究所的管理层——霍克海默、波洛克、费利克斯·韦尔和列奥·洛文塔尔——决定开始筹划应对方案，以便在研究所万一必须撤离的情况下有所准备。在霍克海默的建议之下，研究所首先在日内瓦开设了分部，虽然研究所官方声明表示这纯粹是为了使用设在那里的国际劳工局的档案材料以方便开展研究工作。

尽管霍克海默并不高调为社会主义辩护，也没有公开反对纳粹主义，但是想让研究所在带有政治色彩的争论中独善其身也是不可能的。自1930年纳粹在选举中获胜以后，甚至是在中产阶级的社会民主党当政的法兰克福市内发生的政治冲突，也上升成为肢体冲突。9月选举之后的一天，一群穿着制服的救世军出现在法兰克福大学的一个大门前，唱起了全德国纳粹在游行时都要唱的“豪斯特·威塞尔之歌”（Horst Wessel Song）。

但糟糕的环境并未令研究所的工作停滞。此时，研究所展开了对德国工人阶级的研究，发行了它的出版物《社会研究学刊》。该研究计划由弗洛姆起草，霍克海默宣告它是研究所的长期研究规划的第一步。工人阶级研究的最初目标是要揭示手工劳动工人和非手工劳动工人的结构差异，前期的研究引发了他们深入研究这一论题的兴趣。而在这个领域开展的研究背后隐藏的背景是，在被雇用者中，白领工人增长迅速，而蓝领工人在1925年时所占比例就已经低于50%且占比持续下降，甚至在像手工劳动工人仍是主要人群的重工业和矿业领域，情况也是如此。

然而，霍克海默的观察却让他得出了以下两个结论：一方面，无产阶级缺乏独立性并不仅仅因为工人们基本生活资料的匮乏，还因为他们被限制在虚假而贫困的精神之中。虽然资本主义的统治是他们的囚牢，但他们崇拜资本家，并不准备去攻击这些于他们而言其实是看守者的人。另一方面，工人阶级成员之间的孤立与隔绝状态，以及缺乏集体认同感（即阶级意识）的冷漠与集体无意识状态。或许也正是因为这样，霍克海默才会在日后与阿多诺合著的《启蒙辩证法》中表现出对人被资本主义全面异化的深刻担忧以及对无产阶级革命实现可能性的怀疑。

1933 年 1 月 30 日，兴登堡总统任命希特勒为共和国总理。就在同一天，霍克海默和波洛克位于科隆贝尔格的住所被纳粹冲锋队没收并被变成了一座兵营。霍克海默及其妻子在收到警告之后就已经搬到了一家靠近法兰克福火车站的旅馆里。3 月 2 日，最后一名留守的研究所正式助教洛文塔尔离开研究所和法兰克福。3 月 13 日，警方开始调查并关闭了研究所。5 月，研究所大楼一层的房间全部开放，使用权归纳粹学生团。

研究所唯一一位落入纳粹之手的重要成员是魏特夫，3 月中旬他在试图穿越德国边界时被捕。他先后被送往几个集中营，于 1933 年 11 月被释放之后通过英格兰移民美国。4 月 3 日，法兰克福大学董事会向文化部提出申请，要求中止“我们大学和‘社会研究所’之间现有的合作天系——尽管这种关系一直是松散的”。4 月 14 日，《德国汇报》（*Deutsche Allgemeine Zeitung*）报道了为贯彻 4 月 7 日通过的《关于文职专业公务人员的重新调整》法案而采取的种种措施。这项法案的意图就是把文职公务员中的犹太人、共产主义者和社会民主党员清除出去。“第一批嫌疑分子”中就包括霍克海默、洛威和蒂里希等法兰克福大学的教授。与在全德国发生的情况一样，法兰克福大学并没有向被它清除和迫害的那些雇员伸出过援手。

在流亡6个多月之后，霍克海默依然像他就职演说中所表示的那样，对近来的突发事件和政治事件保持着缄默。在他领导下的研究所一贯执行谨慎的态度，组成研究所核心的成员中至少有三个人都在日内瓦，他们是霍克海默、波洛克和洛文塔尔。弗洛姆当时因患结核病而在达沃斯休养了很长一段时间，即便这样，他仍然参与研究所的工作。

与此同时，从《社会研究学刊》在国外发行的第一期开始，1933年才加入研究所的马尔库塞就开始合作参与学刊的编辑并主要负责哲学评论部分，不久之后，他还暂时接替了阿多诺的工作。或许这时，研究所内没有一个人会想到，在三十余年后，曾经扮演类似“助手”角色的马尔库塞会最终成为法兰克福学派以及马克思主义在美国的一面旗帜。

1933年，社会研究所把出生于美国并且是美国公民的波洛克的研究助手朱利安·库姆佩尔茨派往美国去探查情况，此时研究所已开始考虑迁移美国的可能性。这一年4月26日，霍克海默自己也开始了他的北美之行，并惊喜地发现他眼中的纽约比整个欧洲的任何地方都要更好。更为顺利的是，1934年，哥伦比亚大学就向研究所发出了邀请。同年7月初，马尔库塞第一个与霍克海默汇合，紧接着，洛尔塔文于8月初被霍克海默带了出来。8月底，波洛克与霍克海默重逢，9月底，魏特大抵达美国。至此，整个研究所的转移工作基本告一段落。

当研究所这些志同道合的人们到达美国的时候，罗斯福总统上台刚一年，经济危机的阴霾似乎也即将散去。1933年年初，美国的失业人口超过了1400万人。1932—1933年，从美国离境移居国外的人口比移居入境的人口多出5.7万人——这一现象在美国历史上是前所未有。因而，研究所入境的这个时期，美国政府比较同情知识分子，并打算对他们委以重任。许多赴美团体带来了大量资金，而且他们来的时候那些为了躲避纳粹的美国入境移民人数还不是很多。给人留下深刻印象的是，罗斯福上台第一年，他的政府就努力用非同寻常的方法尽量减少经济危机的影响，也就是如今我们熟知的“罗斯福新政”。在这样的环境下，研究所的成员们又可以集中精力进行他们手头的研究了。迁移美国的第一年，研究所就它的集体研究发表了第一篇报告书——《权威与家庭研究》。除了连续发行的学刊之外，研究所在以后的20年里还不断发表这样的研究报告。

迁移美国这段时间，也是法兰克福学派学术成果颇丰的时期，批判理论在此期间发扬光大，虽然在学派内部及成员们之间也有学术意见分歧，但这并不影响社会研究所在第二次世界大战结束搬回法兰克福后，依然留下了不可磨灭的学术影响。

（二）马尔库塞及西方马克思主义在美国的传播与接受

西方马克思主义在美国的传播与接受，肇始于19世纪六七十年代。虽然在此之前，马克思的思想和学说已经在美国传播，但马克思主义理论的影响在19世纪60年代以后才日益深远。一方面，这是由于马克思、恩格斯的著述如《资本论》及《巴黎手稿》在美国的公开出版；另一方面，主要归功于以马尔库塞为代表的法兰克福学派在美国学界的思想贡献，以及“新左派运动”声势浩大的推介宣传活动，由此也引发了西方马克思主义其他诸流派的持续涌入。在这一涌入过程，美国马克思主义者既致力于呈现西方马克思主义的经典学术传统，又力使它在融合与抽象中形成新的理论路径和思维方式。

马尔库塞是美籍德国犹太裔哲学家和社会学家，1898年出生于柏林一个富裕的犹太人家庭，在1933年加入法兰克福社会研究所并随研究所前往美国后，便一直留在美国从事教学与研究工作。当研究所在第二次世界大战结束回归德国后，马尔库塞成长为法兰克福学派的代表人物。

马尔库塞曾是海德格尔的学生，如前文所述，他也是西方马克思主义学者中最早开始解读《巴黎手稿》的人（1932年）。在研究所期间，他也同霍克海默和阿多诺一道从事批判理论的研究和著述，并持续尝试将辩证法引入理性原则以形成一种新的辩证理性观来介入文化工业批判理论和新精神分析学范式的马克思主义。

但马尔库塞所具有的弗洛伊德的“基因”也使他并没有一直跟随霍、阿二人亦步亦趋。第二次世界大战期间，他曾到美国战略情报研究所工作。他还是旅居美国的法兰克福学派成员中较早成功拿到美国大学教席的学者。所以战后法兰克福学派成员应邀回德时，他却选择留在了美国，先后在哥伦比亚大学、哈佛大学和加州大学的圣地亚哥分校工作。1979 年 7 月 29 日，他在赴联邦德国访问和讲学途中，逝世于施塔贝恩克。

马尔库塞的代表作包括上文中已提及的《理性与革命》和《爱欲与文明》及《单向度的人》等。与其他法兰克福学派成员相比，马尔库塞更偏哲学，而不是社会学或经济史学。可能由于深处美国的缘故，他也一直将该学派的文化批判研究贯彻到底。但和其他成员的一贯气质一样，在他这里，依然有一种挥之不去的悲观气氛。这种悲观的气质会随着批判理论的深入而逐渐加深，最终在其美学著述中显露无疑。马尔库塞的美学思想是其社会批判理论的重要组成部分。在《单向度的人》中，他就曾指责艺术的大众化和商业化使之成为压抑性社会的工具，从而导致人和文化的单向度；在《反革命和造反》里，他强调艺术既是一种美学形式又是一种历史结构，艺术就是理论家的革命之路。这种审美政治，不过是一声美丽的叹息。

《单向度的人》

然而，复活马克思早期著述中的异化概念及其所附带的人本主义气息和对人类终极解放的关怀，无疑会吸引青年和左翼学者重新审视马克思思想在当代的可能性与必要性问题。第二次世界大战结束后，资本主义经济进入了长期稳定增长的时期，科学技术也日新月异地发生着变化。然而，在快速发展的过程中，科学从启蒙人类的洪钟变为控制人类的绝对信条，消费主义充斥社会，大众传媒控制了人们的视听，人们的政治思维也从战争时期的分裂对抗转向和平共处，平权运动初露峥嵘。在这种土壤中，大学从“象牙塔”转变为“平民空间”，接受高等教育从少数人的特权发展为普遍人都可享有的权利，青年大学生也因此成为了一股不可忽视的社会力量。在这种温床的孕育下，一场以青年知识分子为主体的社会运动在20世纪60年代风靡欧美，也就是后来所说的“新左派运动”。

特别是在美国，“新左派”作为激进的政治力量对资本主义制度和整个美国的政治体系以及种族与贫富差距问题都进行了尖锐的批判。马尔库塞依托法兰克福学派以及黑格尔、马克思和弗洛伊德等人的思想和名声，并以其彻底的批判精神成为批判群体中耀眼的明星。他的《爱欲与文明》和《单向度的人》也成为“新左派运动”的“教科书”。马尔库塞还通过教学、演讲、参加集会等形式介入这场运动。鼓励学生以罢课、静坐、游行示威等非暴力形式举行抗议活动，他称之为“大拒绝”策略。

“新左派运动”

1968年对于“新左派运动”来说也是一个重大的转折点，尼克松当选美国总统意味着右翼势力上升。同年，三名美国宇航员乘阿波罗8号飞船的绕月球飞行以及1969年7月阿波罗11号飞船的首次载人登月成功，都让法兰克福学派所宣扬的技术理性批判似乎成了一个不折不扣的笑话，人们沉浸在一片莫名的骄傲和黄金时代特有的狂欢之中不能自拔。然而不久，黄金时代就因20世纪70年代初的经济衰退而大打折扣，经济形势的恶化使人们冷静了许多。20 世纪 60 年代的富裕生活使美国人除了眼前的苟且还会想到诗和远方；而在 20 世纪 70 年代，人们却只能顾得上眼前的苟且了。新左派的浪漫气息和忧郁气质也因这场危机而成为背影。

虽然一度轰轰烈烈的“新左派运动”最终以失败而告终，但由于美国一系列严重的社会问题，继新左派之后，我们依然可以在新社会运动（例如，女权运动和生态运动等）中找到批判精神的踪迹。美国学界的马克思思想研究也随之更加学院化和小众化。然而其对整个国际学界的影响依然不可小觑。

美国宇航员登月

在马克思思想研究界持续关注的话题当中，马克思主义与哲学的关系问题是重中之重。当西方马克思主义传入当代美国时，这一问题也无不例外地引发了美国“文化马克思主义”流派的讨论。他们接续西方马克思主义中人本主义一派的传统做法，即立足于对马克思思想的黑格尔之源的强调，力图恢复马克思主义理论的哲学之维。为此，在接受和消化西方马克思主义思想的过程中，他们特别强调对马克思辩证法思想的研究，以期凸显马克思主义哲学的批判的和否定的立场，并基于此将他们所理解的马克思主义哲学运用于分析当代文化问题。

《异化：马克思论资本主义社会中人的概念》

在美国“文化马克思主义”者看来，辩证法问题是马克思主义哲学的一个十分核心的范畴，对它的理解将决定着对整个马克思主义哲学的认识。为此，他们不仅立足于自然辩证法与历史辩证法之争，以重新阐释辩证法的概念，而且还基于辩证法的文化研究，以重建辩证法的当代社会批判功能。通过对辩证法的重新释义和功能重建，美国文化马克思主义一派实际上掀起的是一场马克思主义辩证法研究史上的范式革命，其基本内容包括：强调主—客体互动关系的主体总体论；以经济—文化有机体论为视角的总体叙事框架。例如，贝特尔·奥尔曼的内在关系论辩证法观显然强调的是对作为“主体的社会关系”的揭示。马克思把资本也视为一定的社会关系，由此，“资本与劳动之间的关系在这里被当成了资本本身的一种作用和‘资本’这个词的含义的一部分”。诺曼·莱文的马恩对立论则提出了自己的辩证法研究就是要“区分马克思主义和斯大林主义”，在他看来，前者指的是从黑格尔到马尔库塞和卢卡奇的“社会现象学”传统，而后者则指的是肇始于恩格斯、经过第二国际的“修正主义”、在苏联体系的国家马克思主义特别是斯大林体系中被定型的、一种历史宿命论式的“辩证唯物主义”。虽然这并不意味着要把马克思主义辩证法进行黑格尔式的唯心主义化。

考察当代资本主义社会问题，要从考察资本主义政治经济的由来与发展出发批判分析当代资本主义体系。在他们看来，这已不是一种纯经济学或政治学的研究，而是一种政治经济学的综合研究或总体研究，是一种把晚期资本主义社会作为一种文化逻辑来研究的批判叙事框架。这并非是美国马克思主义者的首创，而是有其深远的西方马克思主义传统。当代美国马克思主义反映的不过是20世纪六七十年代以后西方马克思主义在英语世界特别是美国的传播与接受情况。

当代美国学者与传统西方马克思主义人本主义者不同的是，他们主要致力于晚期著述（尤其是《大纲》和《资本论》）来开拓性地推进当代社会批判分析的西方马克思主义传统，而扩大了内涵的文化概念就充当了这一批判分析的工具和切入点，总体辩证法也体现在这一过程之中。文化已不仅仅停留在（如法兰克福学派那里的）精英和高雅层面而走向大众，而且开始以“资本”等形式扩展到（作为上层建筑意义上的）文化之外的其他社会结构和层面（主要包括、但不限于经济领域）。

“分析马克思主义”学派也是美国另外一个马克思主义的重要流派。该流派有三个构成部分，即以罗默和埃尔斯特等为代表的“分析学派”、以奥康纳和福斯特为代表的“生态学派”和以布伦纳为代表的“经济学派”。

虽然受西方马克思主义人本主义一派影响而形成的“美国文化马克思主义”一直在美国马克思主义学界占据不可忽视的地位，但正如戴维·麦克莱伦所指出的那样，“迄今为止，美国人对马克思主义理论最有独特性的贡献还是在政治经济学方面”。如果说在文化马克思主义一派中，政治经济学研究明显隶属于文化研究主题而处于隐身地位的话，那么在分析马克思主义一派中，政治经济学则逐渐褪去哲学隐身衣，成为“主角”。当代美国的分析马克思主义诸流派皆直接以“经济议题”来展开其相关论述。如生态派从文化、自然与社会辩证关系的角度探讨资本主义政治经济体系的制度性矛盾与当代人类所面临的灾难性生态危机之间的内在关联性；分析学派则从个人主义立场出发，借用新经济学的通用原则（如博弈论等）来重新阐释马克思的剥削理论；经济学派则更是立足于对当代资本主义的发展现状的考察来提供“新传统派”的马克思主义政治经济学理论，以区别于资本主义官方的正统经济学派，例如各种类型的凯恩斯主义。这样的“经济议题”，即在承认“经济因素”的“最终决定”意义的前提下而展开对社会总体中的“超经济因素”和“非经济因素”的开放式、多元式的关照，显然是受传统西方马克思主义中的科学主义一派的影响，特别是阿尔都塞的结构主义马克思主义的“多元决定论”的影响。

在“经济议题”下，当代美国分析马克思主义者基于对马克思《资本论》及其手稿的重新解读，围绕着马克思主义经济学的主要问题，力图重建马克思政治经济学的批判方法和实践旨归。同时，借由西方马克思主义科学主义一派思想的影响，他们一方面在时间上拉伸了马克思主义政治经济学的研究长度，将前资本主义社会和后资本主义社会纳入视域；另一方面，在空间上拓展了马克思主义政治经济学的研究跨度，将目光扩及含非传统欧美国家在内的全世界范围。而在这一阐释过程中，他们又各自基于自身的理论基础提出了一些新概念和新原则，例如布伦纳的“社会财产关系论”。布伦纳认为，一切社会的发展，都取决于由水平关系（存在于不同剥削者之间、剥削者和生产者之间）和垂直关系（以不同社会群体对生产资料的占有和使用方式为划分依据）所构成的宏观结构的变化。这种宏观结构由于是一种综合的、累加的效果，因此表现为一种不以人的意志为转移的既定要素。而布伦纳之所以要提出“社会财产关系”，主要是由于他认为，生产方式（生产力—生产关系）这一概念在正统马克思主义那里已经被赋予了一种（生产力）技术决定论的色彩，他的社会财产关系则要更多地侧重于对生产关系的强调，而且对生产关系的探讨不仅涉及以阶级斗争为形式的垂直层面，还同时包括在水平层面上对同一阶级不同阶层的比较分析。再如分析学派的个人主义方法论原则。根据埃尔斯特的解释，个人主义方法论指的就是全部社会现象的结构和变化原则上可以个人的方式来予以解释。也就是说，个体的理性行为是为社会现象（例如，剥削等）建立普遍理性选择的微观基础。而罗默则表示，一个人的阶级属性是一种产生于市场行为的经济特征；而一个人成为某一阶级的成员，是由于他的理性选择的结果，而这些都是由他拥有的财富所决定。总之，值得注意的是，围绕在“经济议题”下的美国马克思主义者在主要立足于科学主义立场上的前提下，他们对自然的关照、对个体主义的凸显以及对经济发展统计数据背后的属人的超经济因素也即政治共同体的首要性的强调，也不无体现了以主体为导向的文化马克思主义总体论的某种倾向。这或许表明了美国马克思主义者开始逐渐选择创造性地运用西方马克思主义的理论传统，从而力图从一种介于结构主义（科学主义）和人本主义之间的方案来解释社会发展的历史复杂性。

（三）特朗普时代的美国马克思主义

历经几十年的发展，马克思主义学说依然在美国社会有广泛的影响。2017 年 7 月 6 日至 9 日，美国社会主义大会在芝加哥举行，会议声称将学习马克思主义理论、讨论当前的斗争形势、探索马克思主义和社会主义思想、声讨美国总统唐纳德·特朗普的内政外交政策、讨论左翼的热点问题及社会主义策略。这是继 2017 年 6 月在纽约召开的主题为“抵抗——战略、策略、斗争、团结和乌托邦”的左翼论坛之后，北美左翼学者又一次召开的学术盛会。

此次大会安排了三场全体会议，会议主题分别是：“特朗普时代的反种族主义斗争”；“重建左翼、反击右翼：为什么我们需要社会主义替代方案”；“革命 100 年”。此外还安排了 100 多场专题讨论会，会议组织者将其分为 24 个类别。其中，与马克思主义相关的类别主要是：马克思主义运用指南，经典马克思主义等；与美国政治、经济、社会相关的类别主要是：理解特朗普时代，美国历史与政治，生态与性别，移民难民与边境，土著历史与政治，劳工史和运动，黑人历史与政治，科学健康与社会，艺术和文化、娱乐，教育和学生等；与社会主义相关的类别主要是：帝国主义、社会主义者的问题，左翼辩论，俄国革命等。此外，还包括亚洲、欧洲、拉丁美洲、非洲、中东等一些地区性话题。

此外，当今的美国学者也依然研究并关注着马克思的思想。伊利诺伊州立大学历史系教授安德鲁·哈特曼长期研究马克思主义在美国思想史与社会运动中的影响。他在 2018 年年初接受了中国人民网驻美国记者的采访，他表示，马克思比任何人都更为雄辩地指明，资本主义经济文化体系始终处于变动过程中。“就此刻看，马克思的这种见解比以往任何时候都更重要。目前资本全球运行所受到的限制比历史上任何时候都更小，这创造了巨大的财富和技术进步，但也造成了巨大的痛苦，马克思的辩证法有助于揭示这一点……我们需要用一种马克思主义的眼光来看问题，即正视社会现实，带着对新的社会条件的把握来重新组织社会。”

美国芝加哥数千人示威游行抗议贫富差距

近年来，社会贫富分化问题在美国的被关注度不断上升。哈特曼还表示，在贫富差距问题上，马克思主义提供了其他思想流派难以替代的批判性洞见。他认为，马克思的著作指明了资本摆脱地理、文化、政治等各方面限制的种种方式，以及资本如何通过新的积累方式对传统体系和制度造成压力。“凡是从现代生活中感到疏离、无根、被变化抛弃、经济上处于挣扎状态的人，都会认识到马克思资本学说的深刻性。即使是处于财富分配顶端的群体，如果能够真诚地展开思考，也将能理解这一点。”

美国马萨诸塞大学安姆斯特分校名誉教授理查德·沃尔夫 2018 年年初也在中国《人民日报》上发表了署名文章《真正的改变离不开马克思主义》。他说，时至今日，就明确从资本主义内在特征来阐明其体系的不稳定、不平等与政治衰败问题这一点而言，马克思依然是最重要的思想家。要解决上述提到的问题，离不开充分认识并改变造成问题的体系。换句话说，真正的改变离不开马克思主义。过往一些改变问题的努力，尽管不乏英雄主义色彩，但只停留在暂时缓解问题层面——因为没有真正抓住马克思主义的要义，其努力难以真正解决问题。

沃尔夫说，马克思主义认为，资本主义从来就不是如其创造者所声称的那样，是对旧有经济体系的革命性变革。同奴隶制、封建制等旧有剥削制度一样，在资本主义生产方式内同样存在着二元对立。马克思在《资本论》中非常详细地阐明资本主义只是将旧有的二元对立转化成一种新的二元对立——雇主和雇员。马克思曾不无讽刺地强调，把雇主称为“资本家”淡化了他们作为剥削者的角色，事实上，资本家利用其对资本的所有权，无偿占有他人的劳动成果。正因为资本主义内含有一种新形式的剥削性二元对立，它再现了旧有制度的冲突、不稳定、不平等以及政治衰败。

他还认为，虽然经济周期的起伏的确会对公众思考并接受马克思的批判性思想产生一定影响，然而，无论我们处于经济周期的哪一阶段，马克思主义的重要性和其描述的资本主义长期趋势的正确性不会减弱。现在，资本主义的长期趋势和短期症状，正让越来越多的人开始重新阅读马克思。在北美和西欧，由于大学教职变化滞后于政治经济变化，冷战偏见依然在扭曲学术研究，以至于对马克思的偏见仍然存在。但是，在今天的年轻人身上却很少有这样的情况。无论在美国还是英国，在德国还是西班牙，都可以看到越来越多的人对马克思主义的关注。可以说，马克思主义对资本主义的批判在重新逐步走进欧美学术界，正激发人们更多地对后资本主义社会经济基础的思考。

哈特曼曾表示，现在有更多学生主动来找他，就如何阅读马克思的著作寻求指导，还询问其他关于社会主义的经典著作。“国际金融危机给世界留下了巨大的不平等，1% 的人似乎已从这场危机中受益，而其他人则为此付出了代价。因此，马克思不会从美国走开。冷战结束近 30 年，越来越多的美国人已经摆脱冷战的思想桎梏，正以更富有创造性的方式阅读与思考马克思。”在他看来，一个缓慢而又真实的代际转变正在美国发生。

一个幽灵，一个共产主义的幽灵，在欧美大地徘徊。

参考文献

1.《马克思恩格斯全集》第一卷，人民出版社 2002 年版。

2.《马克思恩格斯全集》第八卷，人民出版社 1961 年版。

3. 马克思著：《马克思家书集》，人民出版社 1985 年版。

4. [英] 戴维·麦克莱伦著，王珍译：《卡尔·马克思传》，中国人民大学出版社 2005 年版。

5. [英] 戴维·麦克莱伦著，李智译：《马克思以后的马克思主义》，中国人民大学出版社 2008 年版。

6. [英] 狄更斯著，石永礼、赵文娟译：《双城记》，人民出版社 2004 年版。

7. [德] 爱德华·伯恩施坦著，殷叙彝译：《社会主义的前提与社会民主党的任务》，三联书店 1965 年版。

8. [德] 卡尔·考茨基著，何江、孙小青译：《社会革命》，人民出版社 1980 年版。

9. [德] 卡尔·考茨基著，刘磊译：《取得政权的道路》，三联书店 1963 年版。

10. 欧力同、张伟著：《法兰克福学派研究》，重庆出版社 1990 年版。

11. [德] 梅林著，罗稷南译：《马克思传》，三联书店 2012 年版。

12. [奥] 马克斯·比尔著，王铮译：《马克思传：替时代背书的人》，黑龙江教育出版社 2011 年版。

13. [美] 乔纳森·斯珀伯著，邓峰译：《卡尔·马克思：

一个19世纪的人》，中信出版社2014年版。

14. 刘乃勇著：《马克思自述传略》，新华出版社2014年版。

15. 赵国珍著：《马克思是怎样炼成的》，红旗出版社2014年版。

16. [法] 雅克·阿塔利著，刘成富、陈玥、陈蕊译：《卡尔·马克思》，上海人民出版社2010年版。

17. 韩毓海著：《马克思的事业　从布鲁塞尔到北京》，中信出版集团2017年版。

18. [英] 戴维·麦克莱伦著，王珍译：《马克思传》，中国人民大学出版社2016年版。

19. [法] 阿尔都塞著，顾良译：《保卫马克思》，商务印书馆2016年版。

20. [法] 路易·阿尔都塞、(法) 艾蒂安·巴里巴尔著，李其庆、冯文光译：《读〈资本论〉》，中央编译出版社2017年版。

21. [法] 让-保罗·萨特著，林骧华、徐和瑾等译：《辩证理性批判》，安徽文艺出版社1998年版。

22. [法] 让-保罗·萨特著，陈宣良等译：《存在与虚无》，生活·读书·新知三联书店2014年版。

23. [法] 米歇尔·福柯著，刘北成、杨远婴译：《疯癫与文明：理性时代的疯癫史》，生活·读书·新知三联书店2012年版。

24. [法] 米歇尔·福柯著：《知识与权力》，河北教育出版社2001年版。

25. 汪民安、陈永国、马海民著：《福柯的面孔》，文化艺术出版社2001年版。

26. [法] 居伊·德波著，张新木译：《景观社会》，南京大学出版社2017年版。

27. [法] 雅克·德里达著，何一译：《马克思的幽灵：债务国家、哀悼活动和新国际》，中国人民大学出版社2016年版。

28. 张秀琴著：《西方马克思主义发展史》，人民出版社 2017 年版。

29. 胡志刚著：《马克斯恩格斯珍闻录》，中央编译出版社 2010 年版。

30. 陈力丹：《马克思恩格斯和〈纽约论坛报〉》，《新闻前哨》2011 年第 4 期。

31. ［德］罗尔夫·魏格豪斯著，孟登迎、赵文、刘凯译：《法兰克福学派：历史、理论及政治影响》，上海人民出版社 2010 年版。

32. 魏小萍、张云飞著：《马克思传》，当代世界出版社 1998 年版。

后　　记

今年是马克思诞辰200周年，我们怀着对这位伟大思想家的无限崇敬及深切怀念的心情，编写了这本《马克思的欧美之旅》。这是一个伟人相继离我们而去的时代，而写作这本书的目的，就是想通过通俗的语言和生动的故事来还原马克思作为一个曾经生活在这个世界上的人的形象以及他艰难却又充满意义的一生。这又是一个对马克思以及马克思主义有诸多误解的时代，人们轻易地给他下了诸多定义，却甚少有人愿意潜下心来倾听他穷尽毕生精力对整个人类社会的观察与分析以及他的思想遗产在后世的传播与发展。因此，在编委会的组织下，我同我的学生以拙笔勉力窥探了伟人二三。

这本书是集众人合力而成，第一章由博士生王瞻执笔，第二章由博士生薛睿书写，第三章则由硕士生王叔君与博士生刘娟合作而成，第四章是由硕士生边晗与裴盼盼共同完成，并最终经由我修改统稿。同时，这里的“众人”不仅仅是本书的作者们，还有那些或依然健在并在学术领域上活跃着的学者，或已经辞世但留下了不朽著述的马克思思想的传承者。因为马克思的思想本身就已浩瀚如海，后人对他的继承与发扬更是多样纷繁。所以，想要追寻马克思的脚步就必然要借助前人之力，参考大量的书籍与资料。我们感谢这些前辈一直坚持不懈地推进着对马克思以及马克思主义的研究，让我们这些后人拥有了前进的目标与方向。

如今，在马克思主义理论领域，对于刚刚入门的新生代来说，带他们编写这本书也为他们提供了梳理马克思主义思想史的机会。不仅是年轻人，每一个参与其中的人都会被感染、被震撼，也庆幸这个机会让大家好似拥有了顺风的船帆，加快了在这片海洋行进的速度。而对于读者朋友来说，如果读完这本书后，能激发起进一步了解马克思和他的思想的兴趣，或许就是我们最大的确幸了。

张秀琴

2018 年 3 月 26 日于北京海淀